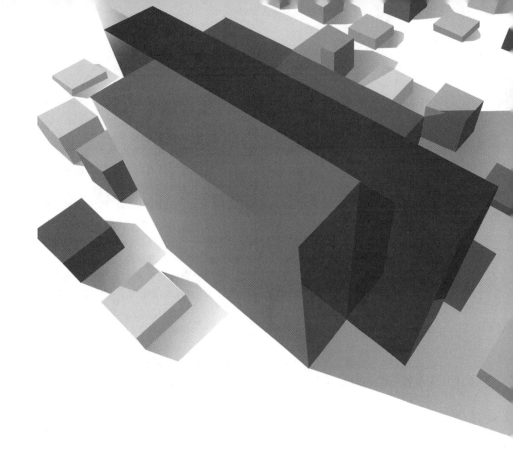

汽车构造核心课程
汽车学业水平考试技能操作项目

主　编　福建省职业院校汽车专业教研团队

华中科技大学出版社
http://press.hust.edu.cn
中国·武汉

内 容 简 介

本教材以教育部2014年颁布的《中等职业学校专业教学标准（试行）》为指导，结合各省中职学校汽车专业课程教学与学生的汽车专业学业水平考试技能操作项目实际情况而编写。考试内容包括汽车发动机构造与维修、底盘构造与维修两门课程，主要测试学生掌握有关基本技能的水平，以及综合运用知识、技能，解决实际问题的能力。

本教材包括气缸盖的拆装、曲轴的拆装、进、排气凸轮轴的拆装、活塞连杆组的拆装、车轮总成的拆装及检查、气缸圆柱度的测量、活塞环端隙和侧隙的测量、气缸盖下平面平面度的检测、曲轴弯曲度的检测、盘式制动器的制动盘及制动片厚度检测十个项目。每个项目包括测试内容、测试要求、测试形式、测试准备、测试时间、操作步骤和要求。每个项目都链接以操作所必备的理论知识，在操作过程中链接以工作原理和操作视频，在每一项操作后设置过程性工单，并在每个项目完成后配置详细的过程性评价，对中职学校的学业水平考试技能操作项目的训练具有指导性的意义，也可以应用在平时的专业课程实践教学中。

图书在版编目(CIP)数据

汽车构造核心课程.汽车学业水平考试技能操作项目/福建省职业院校汽车专业教研团队主编.—武汉：华中科技大学出版社,2023.7
ISBN 978-7-5680-9663-8

Ⅰ.①汽… Ⅱ.①福… Ⅲ.①汽车-构造-高等职业教育-教材 Ⅳ.①U463

中国国家版本馆CIP数据核字(2023)第126868号

汽车构造核心课程——汽车学业水平考试技能操作项目
Qiche Gouzao Hexin Kecheng
——Qiche Xueye Shuiping Kaoshi Jineng Caozuo Xiangmu

福建省职业院校汽车专业教研团队 主编

策划编辑：王红梅
责任编辑：王红梅
封面设计：原色设计
责任校对：刘　竣
责任监印：周治超

出版发行：华中科技大学出版社(中国·武汉)　　电话：(027)81321913
　　　　　武汉市东湖新技术开发区华工科技园　　邮编：430223
录　　排：武汉市洪山区佳年华文印部
印　　刷：武汉市籍缘印刷厂
开　　本：787mm×1092mm　1/16
印　　张：12
字　　数：291千字
版　　次：2023年7月第1版第1次印刷
定　　价：48.00元

本书若有印装质量问题，请向出版社营销中心调换
全国免费服务热线：400-6679-118　　竭诚为您服务
版权所有　侵权必究

前 言

  习近平总书记在党的二十大报告中指出，"我们必须坚持解放思想、实事求是、与时俱进、求真务实，一切从实际出发，着眼解决新时代改革开放和社会主义现代化建设的实际问题"。为了更好地契合汽车专业学业水平考试技能考核的要求，编者在细致研读福建省中等职业教育汽车专业学业水平考试大纲的基础上，编写出发动机构造与维修和底盘构造与维修的十个典型项目，供中职学校汽车专业教师"举一反三，闻一知十者皆适。"

  在编写形式上，以职业工作典型项目为依据，运用与工作情境相关、以实践为导向、实践和理论相结合的"工作过程系统化"方法进行组织，并适度地拓展了一些内容。

  编写过程中，编者遵守汽车行业、企业标准，还借鉴了各类技能竞赛操作标准，符合汽车专业学业水平测试技能考核的要求。以工作任务为导向，以学生为主体，通过完成工作任务把知识、能力、技术有机整合成工作任务型的知识结构。为方便学生的"学"而设计，以"学"的目的定"教"的目标，使教师的"教"服务于学生的"学"，帮助学生有效地进行技能操作学习。

  习近平总书记指出："实践没有止境，理论创新也没有止境。""必须坚持守正创新。"为此，本课程以规范化操作过程为主线，以知识点、技能点为载体，融入碎片式的多媒体教学资源，其中蕴含着大量的视频、动画、图片、文档。每一个项目的开始，先以视频或动画来创设情境，突出以"任务驱动"的教学过程；在实践操作过程中，关键的操作步骤链接以操作视频，起到示范、引领的作用；对于课程中出现的重点、难点链接以操作动画、视频，揭示专业课程中不易感知的事物的工作原理、工作过程和特征，起到助学、突破的作用；对于课程中出现的原理、构造、工作过程链接以视频或动画，将大量的文字叙述转化为清晰的具体表象，以呈现事物的形象或它的变化过程，帮助学生认识事物和理解概念；对于课程中新的知识点链接以视频、动画或文档，使学生在操作的同时，通过视频、动画或文档认知事物，掌握知识。

  在评价考核标准方面，对标汽车专业学业水平考试技能考核要求，对学生的专业能力、方法能力、适应能力和操作过程性等进行综合考核，是对能力和素养的评价。

  学生只要严格按照课程的步骤进行规范化操作训练，深刻体会过程性评价标准，一定能圆满完成每一项目的操作，取得优异的成绩。

编 者
2023 年 6 月

目 录

1 气缸盖的拆装 …………………………………………………………………… (1)
   一、测试项目：气缸盖的拆装 ……………………………………………… (1)
   二、气缸盖拆装的相关操作视频 …………………………………………… (2)
   三、气缸盖的拆装操作步骤及要求 ………………………………………… (3)
   四、气缸盖拆装工单 ……………………………………………………… (20)
   五、气缸盖拆装评价要素 ………………………………………………… (22)

2 曲轴的拆装 …………………………………………………………………… (24)
   一、测试项目：曲轴的拆装 ………………………………………………… (24)
   二、曲轴拆装的相关操作视频 …………………………………………… (25)
   三、曲轴的拆装操作步骤及要求 ………………………………………… (26)
   四、曲轴拆装工单 ………………………………………………………… (44)
   五、曲轴拆装评价要素 …………………………………………………… (45)

3 进、排气凸轮轴的拆装 ……………………………………………………… (47)
   一、测试项目：进、排气凸轮轴的拆装 …………………………………… (47)
   二、进、排气凸轮轴拆装的相关操作视频 ………………………………… (48)
   三、进、排气凸轮轴拆装的操作步骤及要求 ……………………………… (49)
   四、进、排气凸轮轴拆装工单 …………………………………………… (66)
   五、进、排气凸轮轴拆装评价要素 ……………………………………… (68)

4 活塞连杆组的拆装 …………………………………………………………… (71)
   一、测试项目：活塞连杆组的拆装 ……………………………………… (71)
   二、活塞连杆组拆装的相关操作视频 …………………………………… (72)
   三、活塞连杆组拆装操作步骤及要求 …………………………………… (73)
   四、活塞连杆组拆装工单 ………………………………………………… (87)
   五、活塞连杆组拆装评价要素 …………………………………………… (88)

5 车轮总成的拆装及检查 ……………………………………………………… (90)
   一、测试项目：车轮总成的拆装及检查 ………………………………… (90)
   二、车轮总成的拆装及检查的相关操作视频 …………………………… (91)
   三、车轮总成的拆装及检查操作步骤及要求 …………………………… (92)
   四、车轮总成的拆装及检查工单 ………………………………………… (106)
   五、车轮总成的拆装及检查评价要素 …………………………………… (107)

6 气缸圆柱度的测量 (110)
    一、测试项目：气缸圆柱度的测量 (110)
    二、气缸圆柱度测量的相关操作视频 (111)
    三、气缸圆柱度测量的操作步骤及要求 (112)
    四、气缸圆柱度测量的操作工单 (121)
    五、气缸圆柱度测量评价要素 (122)

7 活塞环端隙和侧隙的测量 (125)
    一、测试项目：活塞环端隙和侧隙的测量 (125)
    二、活塞环端隙和侧隙测量的相关操作视频 (126)
    三、活塞环端隙和侧隙测量的操作步骤及要求 (127)
    四、活塞环端隙和侧隙测量的操作工单 (140)
    五、活塞环端隙和侧隙测量的评价要素 (141)

8 气缸盖下平面平面度的检测 (144)
    一、测试项目：气缸盖下平面平面度的检测 (144)
    二、气缸盖下平面平面度检测的相关操作视频 (145)
    三、气缸盖下平面平面度检测的操作步骤及要求 (146)
    四、气缸盖下平面平面度检测的操作工单 (151)
    五、气缸盖下平面平面度检测的评价要素 (152)

9 曲轴弯曲度的检测 (155)
    一、测试项目：曲轴弯曲度的检测 (155)
    二、曲轴弯曲度检测的相关操作视频 (156)
    三、曲轴弯曲度检测的操作步骤及要求 (157)
    四、曲轴弯曲度检测的操作工单 (165)
    五、曲轴弯曲度检测的评价要素 (167)

10 盘式制动器的制动盘及制动片厚度检测 (169)
    一、测试项目：盘式制动器的制动盘及制动片厚度检测 (169)
    二、盘式制动器的制动盘及制动片厚度检测的相关操作视频 (170)
    三、盘式制动器的制动盘及制动片厚度检测的操作步骤及要求 (171)
    四、盘式制动器的制动盘及制动片厚度检测工单 (183)
    五、盘式制动器的制动盘及制动片厚度检测的评价要素 (184)

参考文献 (186)

1 气缸盖的拆装

一、测试项目：气缸盖的拆装

1. 测试内容

(1) 按照维修手册中的方法、步骤及技术要求，对指定发动机的气缸盖进行拆卸；
(2) 拆卸气缸垫；
(3) 清洁气缸盖下底面，清洁气缸体上平面；
(4) 按照维修手册中的方法、步骤及技术要求，安装气缸盖；
(5) 根据操作过程和结果，填写工单。

2. 测试要求

(1) 正确阅读、理解维修手册中提示使用的工具及操作方法和步骤；
(2) 合理选择和规范使用工具；
(3) 作业项目完整，作业流程符合维修手册要求，操作规范；
(4) 工单填写正确、完整；
(5) 操作过程安全、文明。

3. 测试形式

(1) 考生在抽取试题后，给予 1 min 考前认识试题内容的时间；
(2) 在考试要求的时间内，考生按试题要求，在指定的工位上使用考点提供的维修资料、工具、设备、器材，完成气缸盖拆装的实践操作；
(3) 填写工单。

4. 测试前准备

(1) 不小于 10 m^2 面积的工位，配工作台 1 张；
(2) 发动机翻转架 1 架；

(3) 已拆去进、排气歧管,正时传动机构、气门室盖,进、排气凸轮轴,挺杆等零部件的发动机1台;

(4) 配套的发动机机械维修手册1本;

(5) 常用拆装工具1套,指针式扭力扳手1把,与缸盖螺栓规定扭力相适应扭力的预置式扭力扳手1把,铲刀1把,可以撬动的一字旋具(也称起子)(30 cm长)1把,指针式扭力力矩转角仪1个,记号笔1支,橡胶砂锤1把(2.5LB),压缩空气枪1把。

5. 测试时间

15 min。

> ⚠ 警示　下列课程中的视频、完整的操作步骤和操作方法,是完成这一项目的一般指引,不仅适用于本课程所应用的车型,也适用于其他车型。但其中的各种参数是就这种车型而言的,其他车型的参数,请参照其维修手册。在一些考核场合,润滑及清洁清理的程序可以简化。

二、气缸盖拆装的相关操作视频

三、气缸盖的拆装操作步骤及要求

以通用雪佛兰科鲁兹1.6LDE发动机为例。

操作全过程请戴操作棉手套。

1. 检查设备

(1) 检查翻转架上的发动机是否安装牢固。

检查翻转架上固定发动机的螺栓是否锁紧。

(2) 检查翻转架上的发动机是否处于正竖直方向。

应该气缸盖在上、气缸体在下。

(3) 检查发动机是否已拆去进、排气歧管,正时传动机构,气门室盖,进、排气凸轮轴,挺杆等零部件。

(4) 观察气缸盖螺栓的分布情况及螺栓头部的形状,并预判要对应使用的工具。

2. 检查工具

(1) 检查套装工具是否有缺少、损坏。

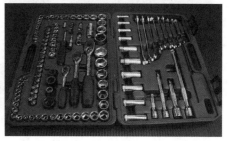

（2）检查指针式扭力扳手的指针是否与刻度盘中的"0"位置对齐。

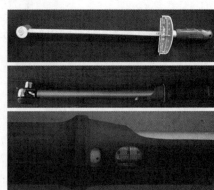

（3）检查预置式扭力扳手的扭力范围。

（4）尝试如何锁止和解锁旋转预置式扭力扳手的锁紧手柄，转动调整轮检查是否可以转动。

（5）检查铲刀的刃口是否有缺口、手柄和刀身结合是否牢固。

（6）检查一字旋具（也称起子）的手柄和金属杆身是否松动。

（7）检查记号笔能否正常书写。

（8）检查橡胶砂锤锤头有无缺损。

（9）检查指针式扭力力矩转角仪。

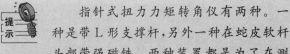 指针式扭力力矩转角仪有两种。一种是带 L 形支撑杆，另外一种在蛇皮软杆头部带强磁铁。两种装置都是为了在测量转角前卡在（或吸在）初始位置。

检查指针式扭力力矩转角仪的方榫的宽度。常见的有 6.3 mm 系列、10 mm 系列和 12.5 mm 系列，如使用英寸表示，则对应为 1/4in 系列、3/8in 系列和 1/2in 系列。大的一种可以获得比小的一种更大的扭矩。

(10) 检查指针式扭力力矩转角仪的转角盘能否转动,能否正常锁止。

(11) 观察指针式扭力力矩转角仪方榫的宽度,以便于选择相同方榫的接杆。

(12) 检查、查找拆装工具中需要使用的套筒、接杆。

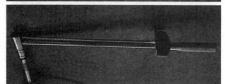

(13) 将查找到的套筒、接杆、指针式扭力扳手进行拼接。

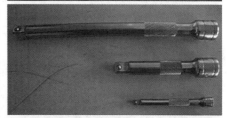

　使用指针式扭力扳手时,应注意左手在握住扳手与套筒连接处时,不要碰到指针杆,否则会造成读数不准。

　有75 mm、125 mm、150 mm和250 mm等不同长度的接杆供选用,即常说的长接杆、中接杆和短接杆。接杆主要是加装在套筒和配套手柄之间,用于拆卸和更换装得很深,仅凭套筒和手柄无法接触的螺栓、螺母。

　　另外,在拆卸平面上的螺栓、螺母时,工具会紧贴在操作面上,妨碍正常拆卸,甚至会产生安全事故。

　锁定接杆是指接杆具有套筒锁止功能。也就是说,在使用中再也不用为套筒或万向接头的掉落而烦恼了。操作时按下锁定按钮,然后将套筒套入接杆方榫内,松开锁定按钮后,套筒即被锁止。解锁时,按下按钮就可以轻松地取下套筒。此锁止机构操作简单,只需单手操作即可。

　　禁止把接杆当作冲子使用。因为锤子的敲击会使接杆两端的方榫和方孔严重变形。

3. 查阅维修资料

 操作现场可能有如下三种形式的维修资料。

（1）完整版的发动机机械维修手册。

（2）简易的与本操作相关的部分维修资料。

如果是完整版的发动机机械维修手册，需翻阅手册中的目录，逐级找到本操作部分所在的页码。

快速熟悉手册中本操作部分的步骤和规定扭力。手册翻开后不要合上，以备操作过程中随时查阅。

美系车辆维修手册中规范的参数和扭力在每个系统维修手册的第一页；在分步骤的操作中也有。

（3）安装于电脑中的维修手册电子文档。

打开电脑中的维修手册，找到手册中的目录，逐级找到本操作部分所在的页码。

 日系车辆的维修手册中的规范参数和扭力数据在每个系统维修手册的分步骤操作中。

4. 拆卸气缸盖

(1) 按图示顺序拆下10个气缸盖螺栓。

① 按规定顺序将10个螺栓松开90°。

将预先拼接好的套筒、接杆、指针式扭力扳手组合中的套筒套接在气缸盖螺栓头部。

套筒和螺栓头部必须结合紧密。

抓住指针式扭力扳手与接杆结合部位的手在把握竖直的同时,可以稍微向下施加压力。

普通接杆与套筒连接的方榫部,装上套筒后会产生10°左右的偏角。但操作时,接杆的中轴线必须与缸盖基本垂直。

提示　美系车辆发动机的气缸盖一般采用从两边到中间的螺旋拧松法；

日系、欧系车辆发动机的气缸盖一般采用从两边到中间的交叉拧松法。

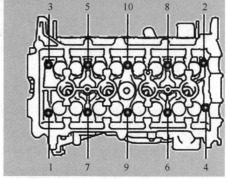

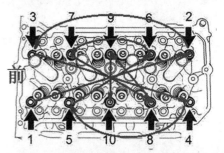

② 按规定顺序将10个螺栓松开180°。

③ 将指针式扭力扳手与接杆分离,用快速棘轮扳手配合接杆和套筒,按规定顺序快速旋出气缸盖螺栓,直至螺栓的螺纹和气缸体上的螺栓孔里的螺纹彻底分离。

1 气缸盖的拆装 | **9**

④ 拔出气缸盖螺栓,按照安装的顺序摆放在工作台上。

 两手可同时拔出两根气缸盖螺栓。按照安装的顺序摆放在工作台上。如果气缸盖螺栓有平垫片,应同时拔出,并摆放在对应的螺栓边上。

⑤ 使用橡胶砂锤锤击气缸盖上比较结实的部位,震松气缸盖。

 震松气缸盖时,力度不宜太大。锤击方向先前后、左右,松动后再向上。

⑥ 找到气缸盖的撬动点,使用带撬棒功能的起子(起子头部扁平部分最好用胶布包裹)撬动气缸盖,使气缸盖与气缸体彻底分离。

⑦ 两手端住气缸盖前后,平行着向上端出。

⑧ 拆下气缸盖并放在合适软质材料制成的基座上。

 应该将气缸盖放在比气缸盖硬度小的材质如木材、橡胶等材料做成的基座上。

可以平放或侧放。

⑨ 填写工单(附后)。

(2) 拆下气缸盖衬垫,观察、辨别气缸盖衬垫的安装方向及正反面。

(3) 将气缸盖衬垫平置于工作台上。

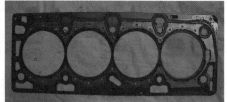

5. 清理、清洁

(1) 用铲刀铲除气缸体上平面上黏合的密封填料和残留的气缸盖衬垫残片。

(2) 翻转气缸盖,将下底面朝上。

(3) 用铲刀铲除气缸盖下底面上黏合的密封填料和残留的气缸盖衬垫残片。

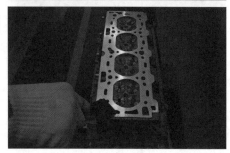

（4）用压缩空气吹去清理后的气缸盖下底面和气缸体上平面上的残渣。

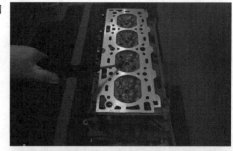

（5）将压缩空气枪伸入气缸体螺栓的安装螺纹孔中，吹出孔中的杂质。

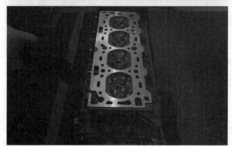

（6）将压缩空气枪伸入气缸盖螺栓孔中，吹净。

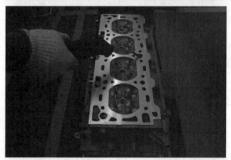

（7）使用清洁剂清洗气缸盖下底面和气缸体上平面；清洗气缸体中气缸盖螺栓的安装螺纹孔；清洗气缸盖螺栓孔。

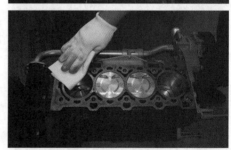

（8）用压缩空气吹净清洁后的气缸盖下底面和气缸体上平面。

(9) 将压缩空气枪伸入气缸盖螺栓的安装螺纹孔中,吹净其中的清洗剂。

(10) 将压缩空气枪伸入气缸体螺栓的安装螺纹孔中,吹净其中的清洗剂。

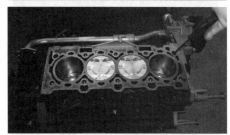

(11) 检查螺栓空孔内是否有液体。

  检查螺栓空孔内是否有液体,比如水或油。
如果螺栓在有液体的状况下紧固,液压变高,将破坏部件。

6. 洁净气缸盖螺栓

  在正常维修时,一般要更换气缸盖螺栓。
本操作中,由于没有更换,所以应清洁后再使用。

(1) 用钢丝刷洁净气缸盖螺栓,然后用压缩空气吹去多余的黏合剂。

(2)使用清洁剂洁净气缸盖螺栓,然后用压缩空气吹净。

 洁净气缸盖螺栓时,不要打乱原来的、按照安装顺序摆放的顺序。

洁净气缸盖螺栓,或用压缩空气吹净气缸盖螺栓时,应在空油盆上近距离进行,避免污染场地。

如果气缸盖螺栓带有垫片,一并清洁。

(3)将洁净后的气缸盖螺栓按照原来的顺序重新摆放整齐。

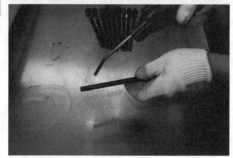

(4)填写工单(附后)。

7. 安装气缸盖

(1)再次检查气缸体、气缸盖表面是否有异物。

(2)按照正确的方向将气缸盖衬垫定位,然后安装在气缸体上。

 如果垫片未正确定位,油孔和水套就可能被覆盖,从而造成漏油和漏水。

(3)两手端住气缸盖,对准气缸盖和缸体的锁销,将气缸盖安装到带有气缸盖衬垫的气缸体上平面上。

(4) 检查气缸盖上的定位销孔是否已套入气缸体上平面上的定位销。

 气缸盖放在气缸体上时应小心,不能移动气缸盖;否则,锁销就有可能损坏气缸盖的底部。

(5) 检查气缸盖、气缸垫、气缸体四边的结合缝是否紧密。

(6) 在气缸盖螺栓孔和螺栓头部的下面涂抹一层薄薄的机油。

(7) 用手将气缸盖螺栓伸入气缸盖螺栓孔,拧入气缸螺纹孔中。

 如果气缸盖螺栓带有垫片,应将垫片装入气缸盖螺栓后,在垫片平面处涂抹薄薄一层机油,再拧入。

- 安装紧固件时,务必遵守正确的紧固顺序和紧固规格,以避免损坏零件和系统。
- 只能使用手动工具,切勿使用任何冲击工具或电动工具。
- 紧固件应先用手拧入,使其完全就位且不会脱落。

（8）按顺序分 5 遍拧紧气缸盖螺栓。

　　注意规定的拧紧顺序。每一遍拧紧顺序一样（本例为这一车型的要求）。

（现场如果有特别的紧固步骤和扭力要求，按要求进行操作。）

① 查阅手册中的紧固部分。

② 按照规定的顺序，用快速棘轮扳手配合接杆和套筒先略微拧紧。再按照规定的顺序，第一遍使用套筒、预置式扭力扳手、接杆紧固至 25 N·m。

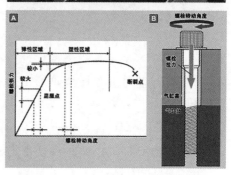

　　美系车辆的气缸盖拧紧顺序一般为从中间往两边的螺旋拧紧法。

日系车辆发动机的气缸盖螺栓拧紧顺序一般为从中间往两边的交叉拧紧法。

例如：丰田四缸发动机气缸盖的安装步骤如下。

① 将气缸盖螺栓和平垫片安装至气缸盖。

② 再按照规定的顺序，用快速棘轮扳手配合接杆和套筒略微拧紧。

③ 再按照规定的顺序，第一遍使用套筒、预制扭力扳手、接杆紧固至49 N·m。

④ 用记号笔在10个气缸盖螺栓头部画上记号。

⑤ 再按照规定的顺序，将气缸盖螺栓再次拧紧90°。

⑥ 再按照规定的顺序，再拧紧45°。

⑦ 检查并确认标记与气缸盖前端成135°。

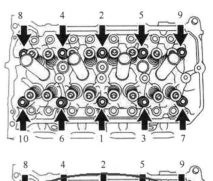

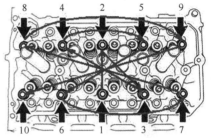

 欧系四缸发动机气缸盖的拧紧顺序一般为从中间往两边的交叉拧紧法。

① 按照规定的顺序，用快速棘轮扳手配合接杆和套筒略微拧紧。

② 再按照规定的顺序，第一遍使用套筒、预置式扭力扳手、接杆紧固至40 N·m。

③ 再按照规定的顺序，用套筒、指针式扭力扳手、接杆紧固90°。

④ 再按照规定的顺序，用套筒、指针式扭力扳手、接杆紧固90°。

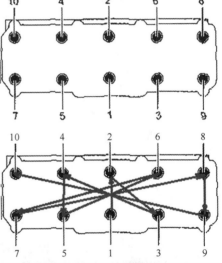

③ 第二遍使用套筒、指针式扭力扳手、接杆和指针式扭力力矩转角仪，按照规定的顺序紧固90°。

④ 第三遍使用套筒、指针式扭力扳手和指针式扭力力矩转角仪,按照规定的顺序紧固90°。

⑤ 第四遍使用套筒、指针式扭力扳手和指针式扭力力矩转角仪,按照规定的顺序紧固90°。

⑥ 第五遍使用套筒、指针式扭力扳手和指针式扭力力矩转角仪,按照规定的顺序紧固45°。

⑦ 填写工单(附后)。

8. 清洁、整理工作现场

(1) 使用干净的擦拭布清洁工具。

(2) 将清洁后的工具归位。

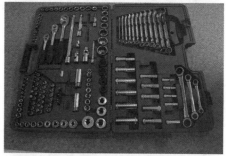

(3) 清洁工作台面和翻转架手柄。

(4) 把预置式扭力扳手的扭力值调至零位放置,以保持扳手精度,延长使用寿命。

(5) 清扫场地。脱掉手套,清洁手部。
(6) 将维修手册合上,归位。

9. 缴交工单

提交填写好的工单。

四、气缸盖拆装工单

序号	操作内容	内容填写或选择
1	检查设备	检查翻转架上发动机安装状况和方向。
2	检查工具	检查工具齐全、无损,能否正常使用:□能;□否。
3	查阅维修资料	三种形式的维修资料的使用方法。
4	拆卸气缸盖	在下图圆圈内用1~10数字填写气缸盖螺栓拧开顺序。 第一遍将10个螺栓松开_____。 第二遍将10个螺栓松开_____。 气缸盖衬垫的卷边朝_____。
5	清理、清洁	清理、清洁部位:_____。

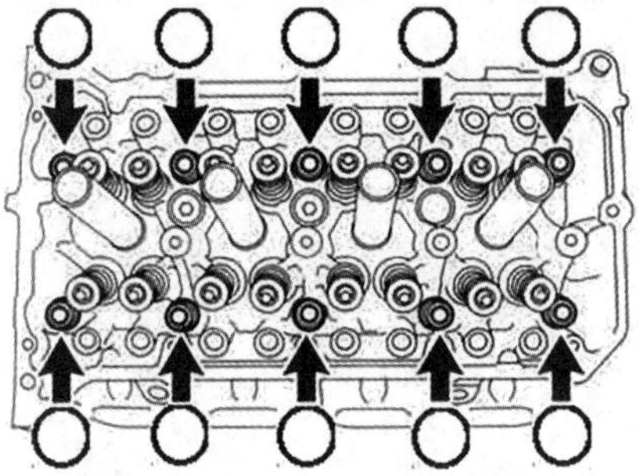

续表

序号	操作内容	内容填写或选择
6	洁净气缸盖螺栓	清洁气缸盖螺栓并依序摆放。
7	安装气缸盖	在下图圆圈内用 1~10 数字填写气缸盖螺栓拧紧顺序。 第一遍紧固至＿＿＿＿＿＿。 第二遍紧固＿＿＿＿＿＿。 第三遍紧固＿＿＿＿＿＿。 第四遍紧固＿＿＿＿＿＿。 第五遍紧固＿＿＿＿＿＿。
8	清洁、整理工作现场	清洁工具并归位。

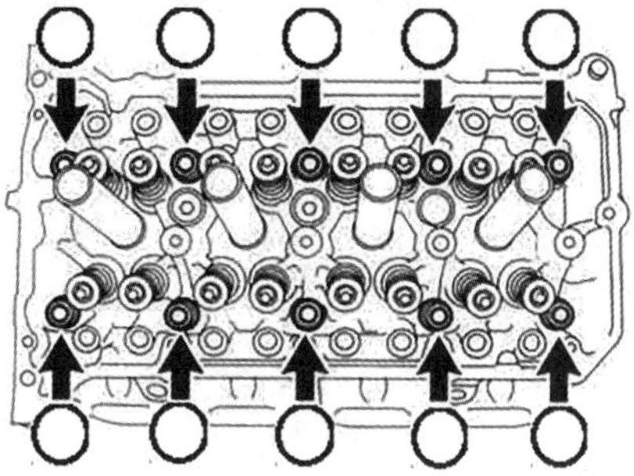

五、气缸盖拆装评价要素

表格中列举了评价项目和评价要素,具体配分由教师负责安排。

序号	评价项目	评价要素	配分	得分
1	检查设备	是否检查翻转架上的发动机安装牢固状况		
		是否检查翻转架上的发动机处于正竖直方向		
2	检查工具	是否检查		
		是否选用合适		
		是否使用合理		
3	查阅维修资料	是否准确		
		是否使用		
4	拆卸气缸盖	是否按照规定顺序和角度拆下 10 个气缸盖螺栓		
		操作时,接杆的中轴线是否与缸盖基本垂直		
		是否用橡胶砂锤锤击气缸盖上比较结实的部位,能否震松气缸盖		
		是否使用带撬棒功能的起子撬动气缸盖,能否使气缸盖与气缸体分离		
		端出气缸盖时,是否平行着向上端出		
		拆下的气缸盖是否放在适当的基座上		
		是否细致地拆卸气缸盖衬垫		
5	清理、清洁	是否清理、清洁气缸盖和气缸体的上平面和螺栓孔		
		对螺栓孔内是否进行检查		
6	洁净气缸盖螺栓	是否清洁气缸盖螺栓		
7	安装气缸盖	是否清洁干净气缸体、气缸盖的密封面		
		是否确认气缸体、气缸盖表面没有异物后,再安装气缸盖衬垫		
		安装气缸盖衬垫时,是否确认朝向后再安装		
		安装气缸盖衬垫时,气缸盖衬垫上的定位销孔是否完全套入气缸上平面上的定位销		
		安装气缸盖时,是否检查气缸盖上的定位销孔已套入气缸体上平面上的定位销		
		气缸盖放在气缸体上时是否移动气缸盖衬垫		
		是否检查气缸盖、气缸盖衬垫、气缸体结合正常		
		是否在气缸盖螺栓孔和螺栓头部的下面涂抹薄薄一层机油		
		安装气缸盖螺栓时,是否先用手将气缸盖螺栓拧入气缸盖		
		是否按照规定的拧紧顺序和角度分 5 遍拧紧气缸盖螺栓		

续表

序号	评价项目	评价要素	配分	得分
8	5S	操作过程中、完成后是否及时清洁、清扫、整理、整顿工具、设备和工作场地		
9	安全文明	是否严格按照规程进行作业		
		操作过程是否戴着操作棉手套		
		人员有无受伤		
		有无工具、仪器、仪表、设备损坏		
		是否严重违反操作原则,野蛮操作		
9	工单填写	是否准确、正确填写		
		填写是否完整		

2

曲轴的拆装

一、测试项目:曲轴的拆装

1. 测试内容

(1) 按照维修手册中的方法、步骤及技术要求,对指定发动机的曲轴进行拆卸;
(2) 清洁曲轴,并对曲轴外观进行检查;
(3) 按照维修手册中的方法、步骤及技术要求,安装所拆的曲轴;
(4) 根据操作过程和结果,填写工单。

2. 测试要求

(1) 正确阅读、理解维修手册中提示使用的工具及操作方法和步骤;
(2) 合理选择和规范使用工具;
(3) 作业项目完整,作业流程符合维修手册要求,操作规范;
(4) 工单填写正确、完整;
(5) 操作过程安全、文明。

3. 测试形式

(1) 考生在抽取试题后,给予 1 min 考前认识试题内容的时间;
(2) 在考试要求的时间内,考生按试题要求,在指定的工位上使用考点提供的维修资料、工具、设备、器材,完成曲轴拆装的实践操作;
(3) 填写工单。

4. 测试前准备

(1) 不小于 10 m^2 面积的工位,配工作台 1 张;
(2) 发动机翻转架 1 架;
(3) 已拆去活塞连杆组、正时传动机构、油底壳、飞轮等零部件的发动机 1 台;

(4) 配套的发动机机械维修手册 1 本;

(5) 常用拆装工具 1 套,指针式扭力扳手 1 把,与曲轴主轴承盖紧固螺栓规定扭力相适应扭力的预置式扭力扳手 1 把,指针式扭力力矩转角仪 1 把,记号笔 1 支,铜棒 1 根或橡胶砂锤 1 把。

5. 测试时间

15 min。

> **警示** 下列课程中的视频、完整的操作步骤和操作方法,是完成这一项目的一般指引,不仅适用于本课程所应用的车型,也适用于其他车型。但其中的各种参数是就这种车型而言的,其他车型的参数,请参照其维修手册。在一些考核场合,润滑及清洁清理的程序可以简化。

二、曲轴拆装的相关操作视频

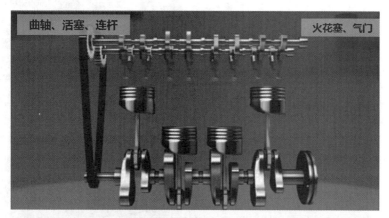

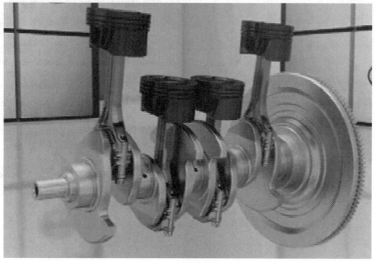

三、曲轴的拆装操作步骤及要求

 操作全过程请戴棉手套。

1. 检查设备

（1）检查翻转架上的发动机是否安装牢固。

 检查翻转架上固定发动机的螺栓是否锁紧。

（2）检查翻转架上的发动机缸体是否处于正竖直方向。

（3）检查是否已拆去活塞连杆组、正时传动机构、油底壳、飞轮等零部件。

（4）摇转翻转架上的发动机缸体,使曲轴朝上。

（5）观察曲轴主轴承安装螺栓的分布情况及螺栓头部的形状,并预判要对应使用的工具。转动曲轴,观察曲轴是否可以转动。

2. 检查工具

（1）检查套装工具是否有缺少、损坏。

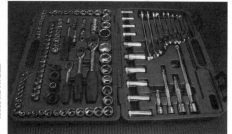

（2）检查指针式扭力扳手的指针是否与刻度盘中的"0"位置对齐。

（3）检查预置式扭力扳手的扭力范围。

（4）尝试如何锁止和解锁旋转预置式扭力扳手的锁紧手柄，转动调整轮检查是否可以转动。

（5）检查铲刀的刃口是否有缺口、手柄和刀身结合是否牢固。

（6）检查起子的手柄和金属杆身是否松动。

（7）检查记号笔能否正常书写。

（8）检查橡胶砂锤锤头有无缺损。

（9）检查指针式扭力力矩转角仪。

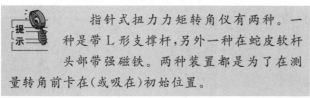
指针式扭力力矩转角仪有两种。一种是带L形支撑杆，另外一种在蛇皮软杆头部带强磁铁。两种装置都是为了在测量转角前卡在（或吸在）初始位置。

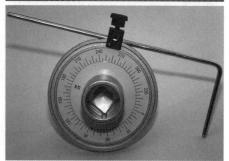

检查指针式扭力力矩转角仪的方榫的宽度。常见的有 6.3 mm 系列、10 mm 系列和 12.5 mm 系列,如使用英寸表示,则对应为 1/4in 系列、3/8in 系列和 1/2in 系列。大的一种可以获得比小的一种更大的扭矩。

(10) 检查指针式扭力力矩转角仪的转角盘能否转动,能否正常锁止。

(11) 观察指针式扭力力矩转角仪方榫的宽度,以便于选择相同方榫的接杆。

(12) 检查、查找拆装工具中需要使用的套筒、接杆。

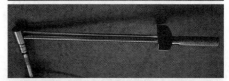

(13) 将查找到的套筒、接杆、指针式扭力扳手进行拼接。

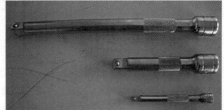

   使用指针式扭力扳手时,应注意左手在握住扳手与套筒连接处时,不要碰到指针杆,否则会造成读数不准。

   有 75 mm、125 mm、150 mm 和 250 mm 等不同长度的接杆供选用,即常说的长接杆、中接杆和短接杆。接杆主要是加装在套筒和配套手柄之间,用于拆卸和更换装得很深,仅凭套筒和手柄无法接触的螺栓、螺母。

另外,在拆卸平面上的螺栓、螺母时,工具会紧贴在操作面上,妨碍正常拆卸,甚至会产生安全事故。

　　锁定接杆是指接杆具有套筒锁止功能。也就是说,在使用中再也不用为套筒或万向接头的掉落而烦恼了。操作时按下锁定按钮,然后将套筒套入接杆方榫内,松开锁定按钮后,套筒即被锁止。解锁时,按下按钮就可以轻松地取下套筒。此锁止机构操作简单,只需单手操作即可。

　　禁止把接杆当作冲子使用。因为锤子的敲击会使接杆两端的方榫和方孔严重变形。

3. 查阅维修资料

　　操作现场可能有如下三种形式的维修资料。

　　(1) 完整版的发动机机械维修手册。

　　(2) 简易的与本操作相关的部分维修资料。

　　如果是完整版的发动机机械维修手册,需翻阅手册中的目录,逐级找到本操作部分所在的页码。

　　快速熟悉手册中本操作部分的步骤和规定扭力。手册翻开后不要合上,以备操作过程中随时查阅。

　　美系车辆维修手册中规范的参数和扭力在每个系统维修手册的第一页;在分步骤的操作中也有。

　　(3) 安装于电脑中的维修手册电子文档。

　　打开电脑中的维修手册,找到手册中的目录,逐级找到本操作部分所在的页码。

　　日系车辆的维修手册中的规范参数和扭力数据在每个系统维修手册的分步骤的操作中。

4. 拆下曲轴

(1) 识别曲轴轴承盖

 曲轴轴承盖上标记有安装的编号。
除了识别标记外，还要注意标记安装在缸体前后的那一侧。

(2) 按图示顺序用拼接好的套筒、接杆、指针式扭力扳手组合，以 1/4 至 1/2 圈拧松曲轴轴承盖螺栓。

 美系车辆发动机的曲轴螺栓一般采用从两边到中间的螺旋拧松法。

将预先拼接好的套筒、接杆、指针式扭力扳手组合中的套筒套接在曲轴轴承盖螺栓头部上。

套筒和螺栓头部必须结合紧密。

抓住指针式扭力扳手与接杆结合部位的手在把握竖直的同时，可以稍微向下施加压力。

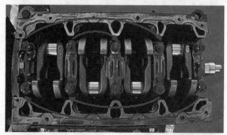

普通接杆与套筒连接的方榫部，装上套筒后会产生 10°左右的偏角。但操作时，接杆的中轴线必须与曲轴轴承盖基本垂直。

这些零件具有特殊的标记、形状、识别号等。在拆卸这些零件时，应认真记录它们的特征，确保照原样更换。

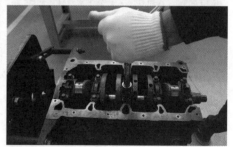

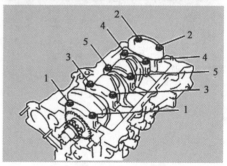

(3) 将指针式扭力扳手与接杆分离,用快速棘轮扳手配合接杆和套筒,再按顺序分两遍拧下曲轴轴承盖螺栓。

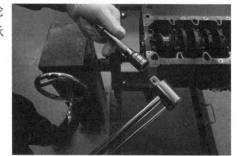

(4) 拔出曲轴轴承盖螺栓,按照安装的顺序摆放在工作台上。

（5）用橡胶砂锤（或铜棒）往发动机前后方向敲击曲轴轴承盖中间部位，使曲轴轴承盖松动。

（6）由第一道开始依次取下曲轴轴承盖，整齐摆放在工作台上。

 如果轴承盖不能轻易被拆卸，在螺栓孔上插入两只已经被拆卸的螺栓，扭动螺栓也可拆卸轴承盖。

各道曲轴主轴承应随着与其配合的曲轴轴承盖取下，如果曲轴主轴承脱出，可摆放在与其配合的曲轴轴承盖边上。

某些零件安装时有规定的位置和方向。安装时如未正确地遵守这些要求，这些零件可能受到损坏，或即使安装上了以后也会出问题。

按次序安放零件，以免在重新装配时发生差错。

（7）取下曲轴。

 一只手抓住曲轴前端，另一只手抓住曲轴后端，平行地往上端起曲轴。

在端起曲轴时，可能会带出曲轴主轴承。如果带出不要装入，可置于工作台面上，待处置后再装入。

（8）将曲轴放置于工作台面上；或将曲轴的第一道和最后一道主轴颈放置在V形铁上。

(9) 拆下曲轴主轴承，按照上下两组分组，并按照顺序整齐地排列于工作台面上。

 在端起曲轴时，可能带出的曲轴主轴承，可以按照顺序排列其中。

(10) 填写工单（附后）。

5. 清洁、清理

(1) 用清洁布清洁曲轴主轴颈、连杆轴颈、曲轴前端轴、曲轴后端、曲拐。

(2) 用清洗剂再次清洁曲轴表面。

(3) 将清洗剂喷管伸入曲轴油道口，清洁油道内部。

(4) 再次用清洁布清洁曲轴各表面。

（5）用清洗剂清洁曲轴上轴承座安装座孔。

（6）用清洗剂清洁曲轴上轴承座安装平面。

（7）将清洗剂喷管伸入曲轴轴承盖紧固螺栓螺纹孔中，进行清洁。

（8）用清洗剂在清洗盆上清洗曲轴主轴承。并按照安装顺序摆放整齐。

（9）用清洗剂在清洗盆上清洁清洗曲轴主轴承盖。

（10）将清洗剂喷管伸入曲轴轴承盖紧固螺栓孔中，进行清洗。

（11）用压缩空气吹净曲轴轴承。

（12）用压缩空气吹净曲轴主轴承盖。

（13）用压缩空气伸入曲轴主油道口，吹净各主油道。

（14）用压缩空气吹净曲轴表面。

(15)用压缩空气伸入曲轴轴承盖紧固螺栓螺纹孔中,吹净。

(16)用压缩空气吹净气缸体上曲轴主轴承安装面。

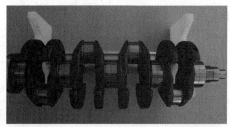

(17)填写工单(附后)。

6. 目视检查曲轴

 曲轴的常见损伤形式有轴颈磨损、弯扭变形和裂纹等。

(1)目视检查曲轴主轴颈和连杆轴颈表面是否光滑,是否出现了划痕、刮伤。

(2)目视检查曲轴轴颈表面有无横向裂纹。

(3)目视检查曲柄与轴颈之间的过渡圆角处以及油孔处有无裂纹。

 存在横向裂纹的曲轴,应予以报废。

（4）目视检查曲轴主轴颈和连杆轴颈表面有无磨损。

 曲轴主轴颈和连杆轴颈的磨损是不均匀的，且磨损部位有一定的规律性。曲轴轴颈表面的磨损是不均匀的，主轴颈与连杆轴颈的径向磨损主要呈椭圆形，且其最大磨损部位相互对应，即各主轴颈的最大磨损处靠近连杆轴颈一侧；而连杆轴颈的最大磨损处也是靠近主轴颈一侧。曲轴轴颈沿轴向还有锥形磨损。

轴颈的椭圆形磨损是由于作用于轴颈上的力沿圆周方向分布不均匀引起的。发动机工作时，连杆轴颈所受的综合作用力始终作用在连杆轴颈的内侧，方向沿曲轴半径向外，造成连杆轴颈内侧磨损最大，形成椭圆形。连杆轴颈产生锥形磨损的原因是由于通向连杆轴颈的油道是倾斜的，当曲轴回转时，在离心力的作用下，润滑油中的机械杂质偏积在连杆轴颈的一侧，加速了该侧轴颈的磨损，使连杆轴颈的磨损呈锥形。此外，连杆弯曲、气缸中心线与曲轴中心线不垂直等原因，都会使轴颈沿轴向受力不均，从而使磨损偏斜。

主轴颈的磨损呈椭圆形，主要是由于受到连杆、连杆轴颈及曲柄臂离心力的影响，使靠近连杆轴颈的一侧与轴承产生的相对磨损较大。

轴颈表面还可能出现擦伤与烧伤。擦伤主要是由于机油不清洁，其中较大的坚硬机械杂质在轴颈表面刻划引起的。烧伤是由于烧瓦引起的，烧瓦主要是润滑不足、机油过稀、油路阻塞等原因造成的。

(5) 填写工单(附后)。

7. 安装曲轴

(1) 查阅维修手册中的安装部分。

(2) 用机油润滑曲轴轴承瓦表面,安装曲轴轴承。

 曲轴轴承背面不能涂机油。曲轴轴承的油孔必须与轴承座上的油道孔对齐。

如果使用旧的曲轴轴承,按原来的标记进行安装。

如果安装新的曲轴轴承,注意区分曲轴轴承的安装位置,特别是第三道止推轴承的安装。安装后必须检查曲轴轴承间隙和测量曲轴纵向间隙。

(3) 两手端住曲轴两端,将曲轴平放到曲轴轴承瓦表面。

- 安装过程不要发生磕碰。
- 曲轴放入轴承瓦后,不要转动。
- 检查安装位置。

(4) 安装曲轴轴承盖1~4。

- 按照标记进行安装,并进行检查确认。
- 安装8个新的曲轴轴承盖螺栓。

(5) 安装后曲轴轴承盖。

 检查安装位置。

① 给后曲轴轴承盖的凹槽涂上黑色黏性密封剂。

在一些考核过程，这一步骤可能被省略。

② 安装 2 个第五道曲轴轴承盖螺栓。
（6）按顺序分 3 遍拧紧曲轴轴承盖的螺栓。

安装紧固件时，务必使用正确的紧固顺序和紧固规格，以避免损坏零件和系统。

美系车辆的曲轴主轴承盖螺栓的紧固顺序一般为螺旋紧固顺序法。

安装时只能使用手动工具，切勿使用任何冲击工具或电动工具。紧固件应先用手紧固，完全就位且不能脱落。

注意正确的拧紧顺序。每一遍拧紧顺序都要一样。

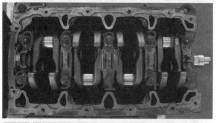

日系、德系车辆的曲轴主轴承盖螺栓的紧固顺序一般为交叉紧固顺序法。

日系、德系车辆的曲轴主轴承盖螺栓的紧固步骤如下。
（1）安装曲轴轴承。
① 将带机油槽的上轴承安装到各道气缸体的主轴承座上。
② 用刻度尺测量气缸体边缘和轴承边缘间的距离。

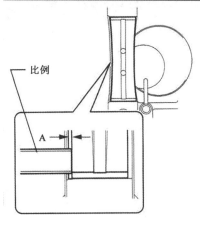

不能在曲轴主轴承背部涂抹发动机机油。因为轴承产生的热,会通过轴承背面散发到气缸体中。如果在轴承的背面涂上发动机机油,势必妨碍这些总成之间的接触,从而造成散热效果下降。

③ 将不带机油槽的下轴承安装到各道主轴承盖上。

④ 用刻度尺测量主轴承盖边缘和轴承边缘间的距离。

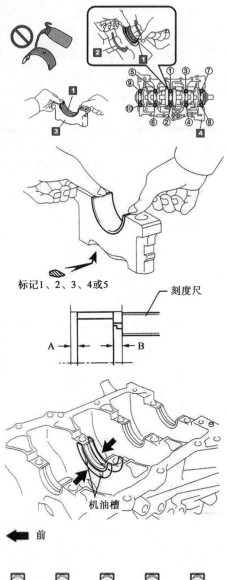

(2) 安装曲轴上止推垫圈。

① 使机油槽向外,将2个止推垫圈安装到气缸体的3号轴颈下方。

② 在曲轴上止推垫圈上涂抹发动机机油。

(3) 安装曲轴。

① 在上轴承上涂抹发动机机油,并将曲轴安装到气缸体上。

② 在下轴承上涂抹发动机机油。

③ 检查数字标记,并将轴承盖安装到气缸盖上。

④ 在轴承盖螺栓的螺纹上和轴承盖螺栓下涂抹一薄层发动机机油。

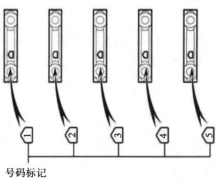

⑤ 用手拧入，暂时安装10个主轴承盖螺栓。

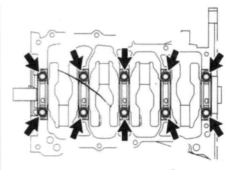

⑥ 标记2个内轴承盖螺栓并以此导向，用手插入主轴承盖，直到主轴承盖和气缸体的间隙小于规定值。

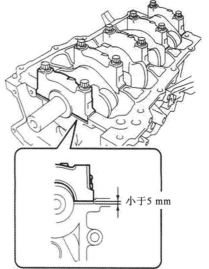

小于5 mm

⑦ 用铜棒或砂锤轻轻敲击轴承盖以确保正确安装。

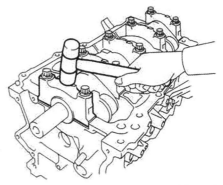

（4）安装曲轴轴承盖螺栓。分三步拧紧。
① 按照图示顺序均匀地紧固10根主轴承盖螺栓至40 N·m。

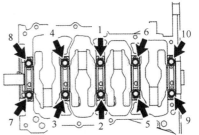

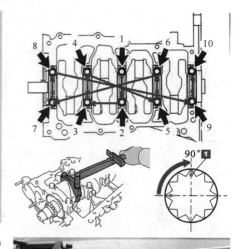

② 用记号笔在轴承盖前端做标记。
③ 按照图示顺序,将轴承盖螺栓再紧固90°。
④ 检查并确认曲轴转动顺畅。

① 第一遍使用套筒、预置式扭力扳手拧紧至 50 N·m。

② 第二遍使用套筒、指针式扭力扳手和指针式扭力力矩转角仪紧固至45°。

③ 第三遍使用套筒、指针式扭力扳手和角度测量仪紧固至15°。

④ 转动曲轴,确认曲轴是否可以正常转动。

8. 清洁、整理工作现场

(1) 使用干净的擦拭布清洁工具。

(2) 将清洁后的工具归位。

(3) 清洁工作台面和翻转架手柄。

(4) 把预置式扭力扳手的扭力值调至零位放置,以保持扳手精度,延长使用寿命。

(5) 清扫场地。
(6) 脱掉手套,清洁手部。
(7) 将维修手册合上,归位。

9. 缴交工单

提交填写好的工单。

四、曲轴拆装工单

序号	操作内容	内容填写或选择
1	检查设备	曲轴是否可以转动：□是；□否。
2	检查工具	检查工具齐全、无损，能否正常使用：□能；□否。
3	查阅维修资料	三种形式维修资料的使用方法。
4	拆下曲轴	在下图圆圈中，用数字1~10标出曲轴轴承盖螺栓拧开顺序： 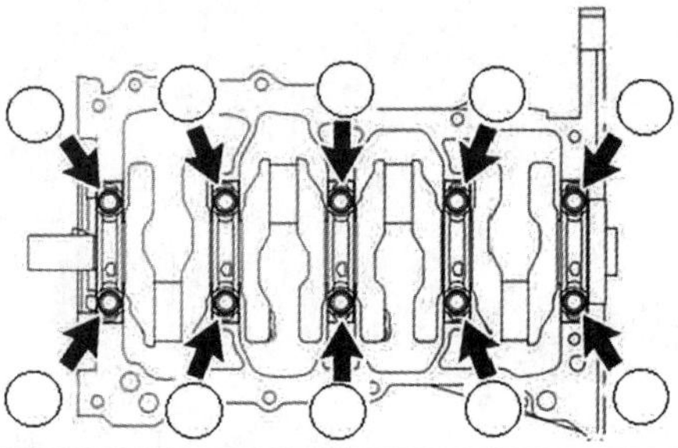 第一遍将10个螺栓松开_____。 第二遍将10个螺栓松开_____。
5	清洁、清理	清洁、清理部位：_____。
6	目视检查曲轴	曲轴主轴颈和连杆轴颈表面是否光滑：□是；□否。 曲轴是否存在划痕、刮伤：□是；□否。 曲轴轴颈表面有无横向裂纹：□有；□无。 曲柄与轴颈之间的过渡圆角处以及油孔处有无裂纹：□有；□无。 曲轴主轴颈和连杆轴颈表面是否有磨损：□是；□否。
7	安装曲轴	在下图圆圈中，用数字1~10标出曲轴主轴承盖螺栓拧紧顺序： 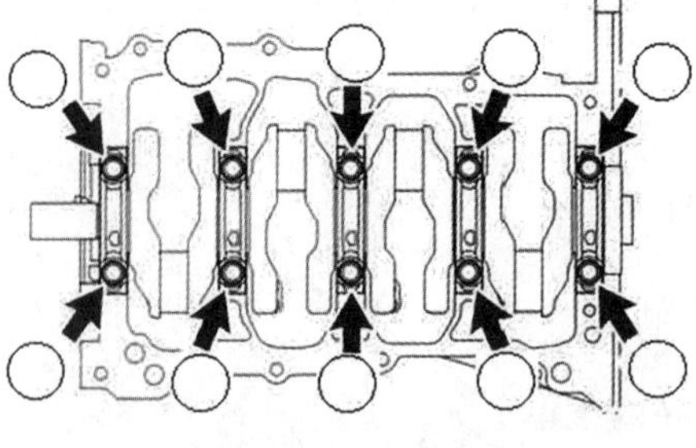

续表

序号	操 作 内 容	内容填写或选择
7	安装曲轴	第一遍紧固至_____。
		第二遍紧固_____。
		第三遍紧固_____。
8	清洁、整理工作现场	清洁工具并归位。

五、曲轴拆装评价要素

表格中列举了评价项目和评价要素,具体配分由教师负责安排。

序号	评价项目	评 价 要 素	配分	得分
1	检查设备	是否检查翻转架上的发动机安装牢固状况		
		是否检查翻转架上的发动机处于正竖直方向		
		是否慢慢转动曲轴进行检查		
2	检查工具	是否选用合适		
		是否使用合理		
3	查阅维修资料	是否准确		
		是否使用		
4	拆下曲轴	是否按照正确的步骤和顺序分三遍拧下曲轴轴承盖螺栓		
		是否准确识别曲轴轴承盖并摆放整齐		
5	清洁、清理	是否在清洗盆上清洗零部件		
		是否清洗干净		
		有无漏洗现象		

续表

序号	评价项目	评 价 要 素	配分	得分
6	目视检查曲轴	取下曲轴后,是否放置良好		
		仔细检查曲轴主轴颈和连杆轴颈表面是否光滑,是否出现了划痕、刮伤,有无横向裂纹,曲柄与轴颈之间的过渡圆角处以及油孔处有无裂纹		
		是否清洗干净曲轴		
7	安装曲轴	安装曲轴轴承时,是否用机油润滑曲轴轴承瓦表面		
		曲轴轴承的油孔是否与轴承座上的油道孔对齐		
		如果使用旧的曲轴轴承,是否按原来的安装位置进行安装		
		安装曲轴时,有无磕碰现象		
		安装曲轴轴承盖时,是否按照标记进行安装,安装后是否进行检查确认		
		是否按顺序分3遍,按照规定的扭力和角度紧固曲轴轴承盖的螺栓		
		安装后是否转动曲轴进行检查		
8	5S	操作过程中、完成后是否及时清洁、清扫、整理、整顿工具、设备和工作场地		
9	零部件状况	是否损伤		
		是否损坏		
10	安全文明	是否严格按照规程进行作业		
		人员有无受伤		
		有无工具、仪器、仪表、设备损坏		
		是否严重违反操作原则,野蛮操作		
11	工单填写	是否准确、正确填写		
		填写是否完整		

3

进、排气凸轮轴的拆装

一、测试项目：进、排气凸轮轴的拆装

1. 测试内容

（1）按照维修手册中的方法、步骤及技术要求，对指定发动机的进、排气凸轮轴进行拆卸；

（2）清洁进、排气凸轮轴，并对进、排气凸轮轴外观进行检查；

（3）按照维修手册中的方法、步骤及技术要求，安装所拆的进、排气凸轮轴；

（4）根据操作过程和结果，填写工单。

2. 测试要求

（1）正确阅读、理解维修手册中提示使用的工具及操作方法和步骤；

（2）合理选择和规范使用工具；

（3）作业项目完整，作业流程符合维修手册要求，操作规范；

（4）工单填写正确、完整；

（5）操作过程安全、文明。

3. 测试形式

（1）考生在抽取试题后，给予 1 min 考前认识试题内容的时间；

（2）在考试要求的时间内，考生按试题要求，在指定的工位上使用考点提供的维修资料、工具、设备、器材，完成进、排气凸轮轴拆装的实践操作；

（3）填写工单。

4. 测试前准备

（1）不小于 10 m^2 面积的工位，配工作台 1 张；

（2）发动机翻转架 1 架；

（3）已拆去进、排气歧管，正时传动机构，气门室盖等零部件的发动机 1 台；

（4）配套的发动机机械维修手册 1 本；

（5）常用拆装工具 1 套，指针式扭力扳手 1 把，与凸轮轴轴承盖紧固螺栓规定扭力相适应扭力的预置式扭力扳手 1 把，指针式扭力力矩转角仪 1 个，记号笔 1 支，压缩空气枪 1 把，橡胶砂锤 1 把。

5．测试时间

15 min。

> 警示　下列课程中的视频、完整的操作步骤和操作方法，是完成这一项目的一般指引，不仅适用于本课程所应用的车型，也适用于其他车型。但其中的各种参数是就这种车型而言的，其他车型的参数，请参照其维修手册。

二、进、排气凸轮轴拆装的相关操作视频

三、进、排气凸轮轴拆装的操作步骤及要求

 操作全过程请戴操作棉手套。

1. 检查设备

(1) 检查翻转架上的发动机是否安装牢固。

 检查翻转架上固定发动机的螺栓是否锁紧。

(2) 检查翻转架上的发动机缸体是否处于正竖直方向。

(3) 检查翻转架上装有凸轮轴的发动机是否已拆去进、排气歧管,正时传动机构,气门室盖等零部件。

 翻转架上固定的可能是装有凸轮轴的气缸盖和气缸体总成。

 翻转架上固定的还可能是装有凸轮轴的气缸盖,没有气缸体。

2. 检查工具

(1) 检查套装工具是否有缺少、损坏。

(2) 检查指针式扭力扳手的指针是否与刻度盘中的"0"位置对齐。

(3) 检查预置式扭力扳手的扭力范围。

(4) 尝试如何锁止和解锁旋转预置式扭力扳手的锁紧手柄,转动调整轮检查是否可以转动。

(5) 检查铲刀的刃口是否有缺口,手柄和刀身结合是否牢固。

(6) 检查起子的手柄和金属杆身是否松动。

(7) 检查记号笔能否正常书写。

(8) 检查橡胶砂锤锤头有无缺损。

(9)检查指针式扭力力矩转角仪。

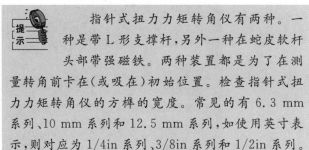提示 指针式扭力力矩转角仪有两种。一种是带L形支撑杆,另外一种在蛇皮软杆头部带强磁铁。两种装置都是为了在测量转角前卡在(或吸在)初始位置。检查指针式扭力力矩转角仪的方榫的宽度。常见的有6.3 mm系列、10 mm系列和12.5 mm系列,如使用英寸表示,则对应为1/4in系列、3/8in系列和1/2in系列。大的一种可以获得比小的一种更大的扭矩。

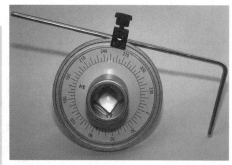

(10)检查指针式扭力力矩转角仪的转角盘能否转动,能否正常锁止。

(11)观察指针式扭力力矩转角仪方榫的宽度,以便于选择相同方榫的接杆。

(12)检查、查找拆装工具中需要使用的套筒、接杆。

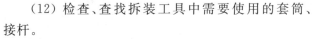

(13)将查找到的套筒、接杆、指针式扭力扳手进行拼接。

提示 使用指针式扭力扳手时,应注意左手在握住扳手与套筒连接处时,不要碰到指针杆,否则会造成读数不准。

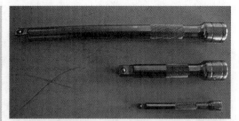
有 75 mm、125 mm、150 mm 和 250 mm 等不同长度的接杆供选用，即常说的长接杆、中接杆和短接杆。接杆主要是加装在套筒和配套手柄之间，用于拆卸和更换装得很深，仅凭套筒和手柄无法接触的螺栓、螺母。

另外，在拆卸平面上的螺栓、螺母时，工具会紧贴在操作面上，妨碍正常拆卸，甚至会产生安全事故。

锁定接杆是指接杆具有套筒锁止功能。也就是说，在使用中再也不用为套筒或万向接头的掉落而烦恼了。操作时按下锁定按钮，然后将套筒套入接杆方榫内，松开锁定按钮后，套筒即被锁止。解锁时，按下按钮就可以轻松地取下套筒。此锁止机构操作简单，只需单手操作即可。

禁止把接杆当作冲子使用。因为锤子的敲击会使接杆两端的方榫和方孔严重变形。

3. 查阅维修资料

操作现场可能有如下三种形式的维修资料。

(1) 完整版的发动机机械维修手册。

(2) 简易的与本操作相关的部分维修资料。

如果是完整版的发动机机械维修手册，需翻阅手册中的目录，逐级找到本操作部分所在的页码。

快速熟悉手册中本操作部分的步骤和规定扭力。手册翻开后不要合上，以备操作过程中随时查阅。

3 进、排气凸轮轴的拆装

美系车辆维修手册中规范的参数和扭力在每个系统维修手册的第一页；在分步骤的操作中也有。

（3）安装于电脑中的维修手册电子文档。

点开电脑屏幕的维修手册，找到手册中的目录，逐级找到本操作部分所在的页码。

 日系车辆的维修手册中的规范参数和扭力数据在每个系统维修手册的分步骤的操作中。

4．拆下凸轮轴

（1）拆下第一道凸轮轴轴承盖4个螺栓。

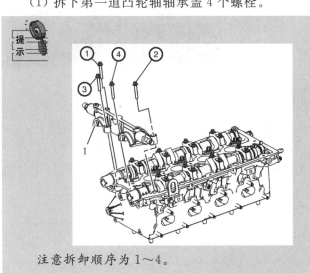

注意拆卸顺序为1~4。

① 取下4个凸轮轴轴承盖螺栓。

 用橡胶砂锤轻轻敲打以松开轴承架。

② 取下第一凸轮轴轴承盖。

（2）拆下排气凸轮轴轴承盖。

① 以1/2~1转的增量从外到内螺旋式松开8个排气凸轮轴轴承盖螺栓。

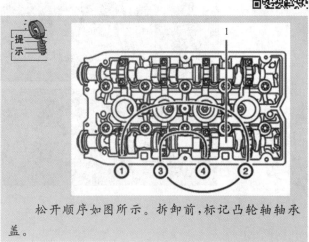

松开顺序如图所示。拆卸前，标记凸轮轴轴承盖。

② 取下8个排气凸轮轴轴承盖螺栓。

3 进、排气凸轮轴的拆装

③ 从缸盖拆下 4 个排气凸轮轴轴承盖 6～9，摆放整齐。

④ 取下排气凸轮轴。

（3）拆下进气凸轮轴。

① 以 1/2～1 转的增量从外到内螺旋式松开 8 个进气凸轮轴轴承盖螺栓。

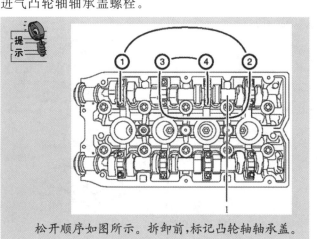

松开顺序如图所示。拆卸前，标记凸轮轴轴承盖。

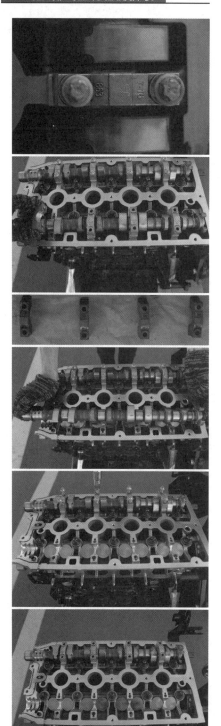

② 取下8个进气凸轮轴轴承盖螺栓。

③ 从缸盖拆下4个进气凸轮轴轴承盖2～5,排放整齐。

④ 拆下进气凸轮轴。

（4）整齐摆放拆下的凸轮轴盖、凸轮轴及凸轮轴盖螺栓。

（5）填写工单(附后)。

 有些车辆的凸轮轴盖为整体式或连体式的。

整体式的凸轮轴盖即所有凸轮轴盖连接成一体。

连体式的凸轮轴盖即同排的一个进气凸轮轴盖和一个排气凸轮轴盖连成一体，其安装座为整体式的凸轮轴壳。

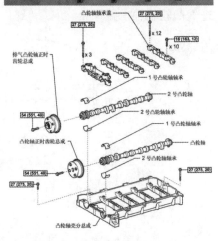

日系车辆四缸发动机的连体式凸轮轴盖拆装顺序如下。

（1）按照图示顺序，均匀地交叉拧松10个凸轮轴盖螺栓。

（2）按照图示顺序，均匀地拧出10个凸轮轴盖螺栓。

（3）取出10个凸轮轴盖螺栓。

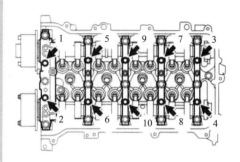

（4）取下进气凸轮轴。

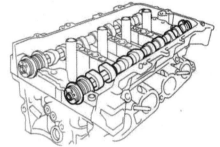

（5）拆下排气凸轮轴。

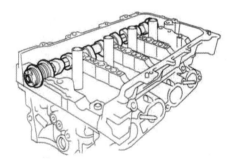

（6）按照气缸序号摆放已经拆卸的轴承盖。

对拆卸部分进行清洁后，其安装顺序如下。

（1）在凸轮轴轴径、凸轮轴轴壳和轴承盖上涂抹一薄层发动机机油。

（2）将凸轮轴安装到凸轮轴壳上。

（3）安装凸轮轴轴承盖。

① 在轴承盖上涂抹一薄层发动机机油。

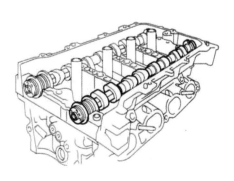

② 确认各凸轮轴轴承盖上的标记和号码,并将其置于正确的位置和方向。

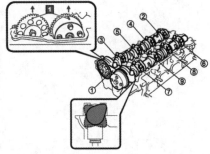

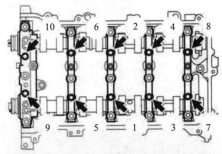

③ 按照图示顺序,紧固10个螺栓至 16 N·m。

5. 清洁、清理

(1) 用清洗剂在清洗盆上清洗进气凸轮轴。

（2）用清洗剂在清洗盆上清洗排气凸轮轴。

（3）用清洗剂在清洗盆上逐个清洗凸轮轴盖。

（4）用清洗剂在清洗盆上清洗凸轮轴盖螺栓。

（5）用清洗剂清洗气缸盖上的凸轮轴安装座孔、凸轮轴盖安装座及凸轮轴盖螺栓安装螺纹孔。

（6）用压缩空气吹净进、排气凸轮轴。

（7）用压缩空气吹净凸轮轴盖。

（8）用压缩空气吹净凸轮轴盖螺栓。

（9）用压缩空气吹净凸轮轴安装座孔、凸轮轴盖安装座及凸轮轴盖螺栓安装螺纹孔。

6. 目视检查

（1）检查凸轮轴上各凸轮表面是否有磨损、擦伤和剥落（也称麻点）等。

 凸轮的常见故障有表面磨损、擦伤和剥落等，其中以磨损最为常见。

凸轮的磨损是不均匀的，一般凸轮的顶尖附近磨损较严重。凸轮磨损后，凸轮高度减小，会使气门的最大升程减小，影响发动机工作时的进、排气阻力。

（2）检查凸轮轴轴颈是否有异常磨损。

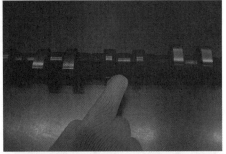

（3）检查凸轮轴止推面是否有异常磨损。

（4）检查凸轮轴轴承是否有异常磨损。

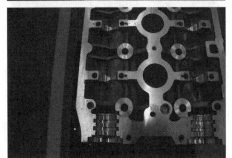

（5）检查凸轮轴轴承座止推面是否有异常磨损。

(6)填写工单(附后)。

7. 安装凸轮轴

(1)查阅维修手册中安装凸轮轴的部分。

(2)在凸轮轴轴承座上涂上 MoS_2 润滑油膏,将进气凸轮轴放置于进气侧凸轮轴座上。

 如果是在考核场合,可能不需要涂抹 MoS_2 润滑油膏。

(3)在凸轮轴轴承盖工作面上涂上 MoS_2 润滑油膏。按照凸轮轴轴承盖上的识别标记安装 2～5 号 4 个进气凸轮轴轴承盖。

(4)安装 8 个进气凸轮轴轴承盖螺栓,并从内到外螺旋式紧固至 8 N·m。

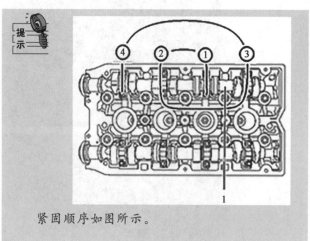

紧固顺序如图所示。

(5) 在凸轮轴轴承座涂上 MoS_2 润滑油膏,将排气凸轮轴放置于排气侧凸轮轴座上。

(6) 在凸轮轴轴承盖工作面涂上 MoS_2 润滑油膏。按照凸轮轴轴承盖上的识别标记安装 6~9 号 4 个排气凸轮轴轴承盖。

(7) 安装 8 个排气凸轮轴轴承盖螺栓,并从内到外螺旋式紧固至 8 N·m。

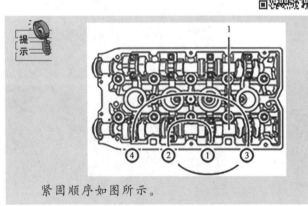

紧固顺序如图所示。

(8) 用适当的工具清洁第一凸轮轴轴承架和气缸盖的密封面。清除油管、油道中的残余密封胶。

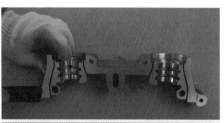

(9) 给第一凸轮轴轴承盖的密封面涂上薄而均匀的表面密封剂。

 密封面必须无机油和润滑脂。

（10）安装第一个凸轮轴轴承盖。

- 密封面必须无机油和润滑脂。
- 必须确保没有将密封剂涂到标记的密封区域之外。
- 邻近密封面的凹槽必须保持无密封胶状态。

（11）将第一凸轮轴轴承盖放置在气缸体上，将螺栓紧固至大约 2 N·m。

 注意安装顺序 1～4。

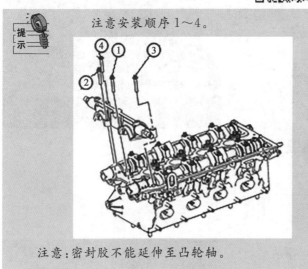

注意：密封胶不能延伸至凸轮轴。

（12）安装第一凸轮轴轴承盖螺栓，并用套筒、接杆和预置式扭力扳手紧固至 8 N·m。

8. 清洁、整理工作现场

(1) 使用干净的擦拭布清洁工具。

(2) 将清洁后的工具归位。

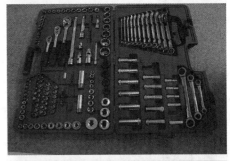

(3) 清洁工作台面和翻转架手柄。

(4) 把预置式扭力扳手的扭力值调至零位放置,以保持扳手精度,延长使用寿命。

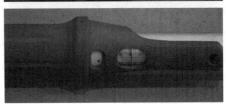

(5) 清扫场地。
(6) 脱掉手套,清洁手部。
(7) 将维修手册合上,归位。

9. 缴交工单

提交填写好的工单。

四、进、排气凸轮轴拆装工单

序号	操作内容	内容填写或选择
1	检查设备	翻转架上的发动机是否安装牢固：□是；□否。
2	检查工具	检查工具齐全、无损，能否正常使用：□能；□否。
3	查阅维修资料	三种形式的维修资料的使用方法。
4	拆下凸轮轴	在下图圆圈内用数值 1～4 标出拆下第一道凸轮轴轴承盖 4 个螺栓的顺序。 在下图圆圈内用数值 1～4 标出拆下排气凸轮轴轴承盖螺栓的顺序。 拆下排气凸轮轴轴承盖螺栓时，每次以_____转的增量进行。 在下图圆圈内用数值 1～4 标出拆下进气凸轮轴轴承盖螺栓的顺序。 拆下进气凸轮轴轴承盖螺栓时，每次以_____转的增量进行
5	清洁、清理	清洁、清理部位：_____。

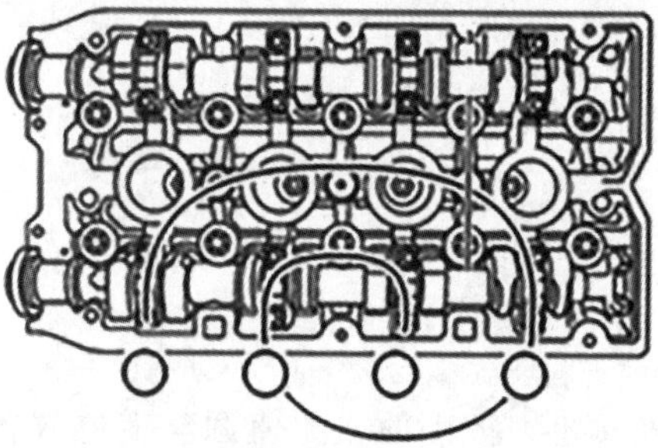

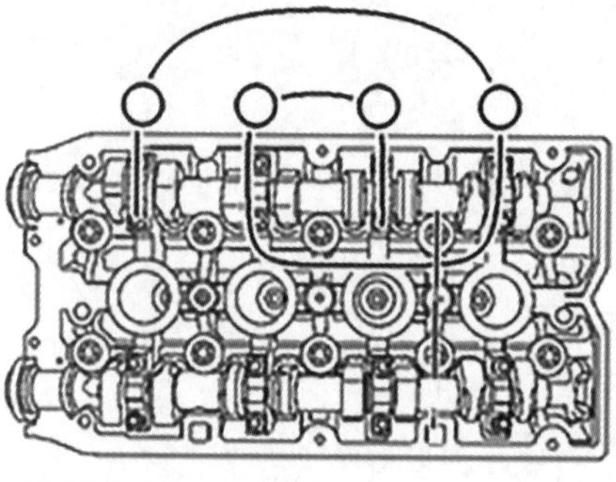

续表

序号	操作内容	内容填写或选择
6	目视检查	凸轮轴上各凸轮表面是否有磨损、擦伤和剥落等：□是；□否。 凸轮轴轴颈是否有异常磨损：□是；□否。 凸轮轴止推面是否有异常磨损：□是；□否。 凸轮轴轴承是否有异常磨损：□是；□否。 凸轮轴轴承座止推面是否有异常磨损：□是；□否。
7	安装凸轮轴	在下图圆圈内用数值1～4标出安装进气凸轮轴轴承盖螺栓的顺序。 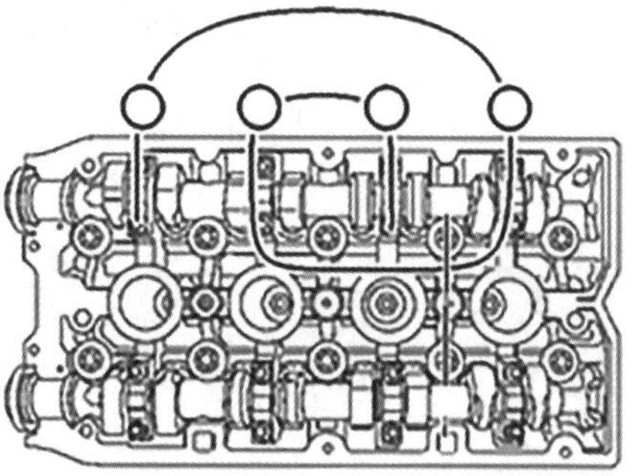 安装进气凸轮轴轴承盖螺栓紧固至_____。 在下图圆圈内用数值1～4标出安装排气凸轮轴轴承盖螺栓的顺序。 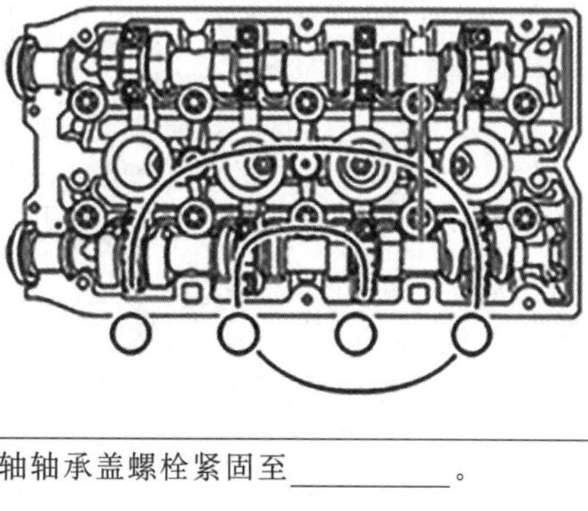 安装排气凸轮轴轴承盖螺栓紧固至_____。

续表

序号	操作内容	内容填写或选择
7	安装凸轮轴	在下图圆圈内用数值1~4标出安装第一道凸轮轴轴承盖4个螺栓的顺序。  安装第一道凸轮轴轴承盖4个螺栓紧固至_____。
8	清洁、整理工作现场	清洁工具并归位。

五、进、排气凸轮轴拆装评价要素

表格中列举了评价项目和评价要素,具体配分由教师负责安排。

序号	评价项目	评价要素	配分	得分
1	检查设备	是否检查翻转架上的发动机安装牢固状况		
		是否检查翻转架上的发动机处于正竖直方向		
2	检查工具	是否选用合适		
		是否使用合理		
3	查阅维修资料	是否查阅维修手册		
		是否按照正确的步骤和顺序查阅维修手册		
4	拆下凸轮轴	是否先拆下第一道凸轮轴轴承盖		
		是否按照规定顺序拆下第一道4个凸轮轴轴承盖螺栓		
		拆卸凸轮轴轴承盖前,是否识别在凸轮轴轴承盖上的标记		
		是否使用橡胶砂锤轻轻敲打以松开第一道轴架		
		是否以1/2~1转的增量按规定从外到内螺旋式松开凸轮轴轴承盖螺栓		
		凸轮轴轴承盖是否按规定顺序摆放整齐		
		是否细致地拆下凸轮轴		
5	清洁、清理	是否在清洗盆上清洗零部件		
		是否清洗干净		
		有无漏洗现象		

续表

序号	评价项目	评价要素	配分	得分
6	目视检查	是否细致检查,对存在的异常磨损、擦伤、麻点和剥落等有无漏检现象		
		有无漏检部位现象		
7	安装凸轮轴	是否在凸轮轴轴承座上涂 MoS_2 润滑油膏		
		是否细致地将凸轮轴放置于侧凸轮轴座上,放置过程是否发生磕碰现象		
		是否在凸轮轴轴承盖工作面上涂 MoS_2 润滑油膏		
		安装凸轮轴轴承盖前,是否识别凸轮轴轴承盖上的标记		
		是否按照凸轮轴轴承盖上的标记安装凸轮轴轴承盖		
		安装8个进气凸轮轴轴承盖螺栓时,是否从内到外螺旋式紧固螺栓至规定扭力		
		安装8个排气凸轮轴轴承盖螺栓时,是否从内到外螺旋式紧固螺栓至规定扭力		
		是否清洁干净第一道凸轮轴轴承架和气缸盖的密封面,是否完全清除油管、油道中的残余密封胶		
		在给第一道凸轮轴轴承盖的密封面涂上密封剂前,是否清除干净机油和润滑脂		
		给第一道凸轮轴轴承盖的密封面涂上的密封剂是否薄而均匀		
		涂上密封剂后,检查邻近密封面的凹槽是否保持无密封胶状态		
		是否按照规定的顺序第一次将第一道凸轮轴轴承盖螺栓紧固至大约 $2N \cdot m$		
		将第一道凸轮轴轴承盖螺栓紧固至大约 $2N \cdot m$ 后,检查密封剂有无涂到标记的密封区域之外,是否有延伸至凸轮轴的现象		
		是否按照规定的顺序第二次将第一道凸轮轴轴承盖螺栓紧固至大约 $8N \cdot m$		
8	5S	操作过程中、完成后是否及时清洁、清扫、整理、整顿工具、设备和工作场地		

续表

序号	评价项目	评价要素	配分	得分
9	零部件状况	是否损伤		
		是否损坏		
10	安全文明	是否严格按照规程进行作业		
		人员有无受伤		
		有无工具、仪器、仪表、设备损坏		
		是否严重违反操作原则,野蛮操作		
11	工单填写	是否准确、正确填写		
		填写是否完整		

4

活塞连杆组的拆装

一、测试项目:活塞连杆组的拆装

1. 测试内容

(1) 按照维修手册中的方法、步骤及技术要求,对一组活塞连杆组进行拆解;
(2) 清洁所拆解的零件,对活塞、连杆进行外观检查;
(3) 按照维修手册中的方法、步骤及技术要求,装配所拆的活塞连杆组;
(4) 根据操作过程和结果,填写工单。

2. 测试要求

(1) 正确阅读、理解维修手册中提示使用的工具及操作方法和步骤;
(2) 合理选择和规范使用工具;
(3) 作业项目完整,作业流程符合维修手册要求,操作规范;
(4) 工单填写正确、完整;
(5) 操作过程安全、文明。

3. 测试形式

(1) 考生在抽取试题后,给予 1 min 考前认识试题内容的时间;
(2) 在考试要求的时间内,考生按试题要求,在指定的工位上使用考点提供的维修资料、工具、设备、器材,完成活塞连杆组拆装的实践操作;
(3) 填写工单。

4. 测试前准备

(1) 不小于 10 m^2 面积的工位,配带有平口钳的工作台 1 张;
(2) 组装好的、完整的活塞连杆组 1 套(包括活塞、气环、油环、活塞销、连杆、连杆轴承);
(3) 配套的发动机机械维修手册 1 本;

（4）常用拆装工具 1 套，内卡簧钳 1 把，小一字旋具(也称起子)1 把，活塞环钳 1 把，铲刀 1 把。

5. 测试时间

15 min。

> 警示：下列课程中的视频、完整的操作步骤和操作方法，是完成这一项目的一般指引，不仅适用于本课程所应用的车型，也适用于其他车型。但其中的各种参数是就这种车型而言的。其他车型的参数，请参照其维修手册。

二、活塞连杆组拆装的相关操作视频

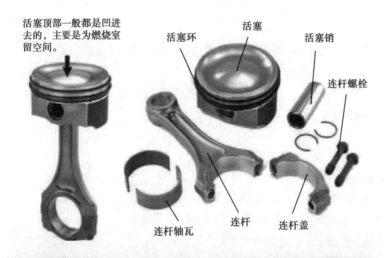

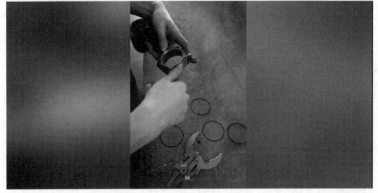

三、活塞连杆组拆装操作步骤及要求

1. 检查设备

（1）检查活塞连杆组是否组装完好，是否包括活塞、活塞销、活塞环、气环、油环、连杆、连杆螺栓、连杆轴承等零部件。

（2）一只手抓住活塞，另一只手摆动连杆，检查活塞、连杆之间能否灵活摆动。

（3）观察连杆螺栓头部的形状，并预判要对应使用的工具。

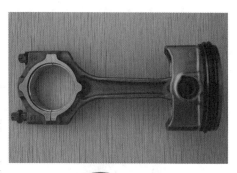

 图中1为第一道、第二道活塞环，2为组合油环，3为活塞，4为活塞销，5为连杆。

（4）观察活塞连杆组的安装标记。

 活塞顶部、连杆杆身、连杆盖上有朝向标记，装配时必须注意安装方向。图中1为活塞，2为连杆，3为朝前标记。

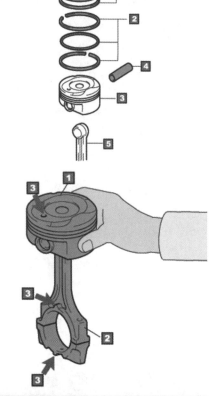

2. 检查工具

（1）检查套装工具是否有缺少、损坏。

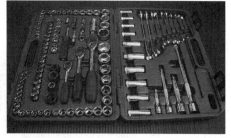

（2）检查小一字起子的手柄和金属杆身是否松动，刃口是否有缺口现象。

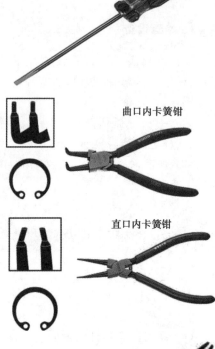

曲口内卡簧钳

直口内卡簧钳

（3）检查内卡簧钳。

① 检查内卡簧钳的钳嘴是否够尖；

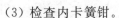 卡簧钳，是一种用来安装内簧环和外簧环的专用工具，外形上属于尖嘴钳一类，钳头可采用内直、外直、内弯、外弯几种形式，不仅可以用于安装簧环，也能用于拆卸簧环。卡簧钳分为外卡簧钳和内卡簧钳两大类，分别用来拆装轴外用卡簧和孔内用卡簧。

② 手握压钳柄，检查钳口是否闭合。

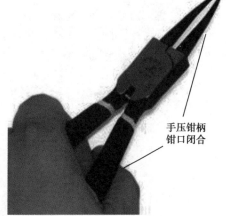

手压钳柄
钳口闭合

（4）检查活塞环钳。

 应采用小号的活塞环钳。
小号的活塞环钳夹持范围为 50～100 mm，中号的为 80～120 mm，大号的为 110～160 mm。

① 检查活塞环钳上的固定销是否缺失。

② 拿捏活塞环钳,检查活塞环钳上的固定销是否松动,活塞环钳的张紧弹簧的拉力是否正常;检查活塞环钳正反面的滑槽和销钉部分滑动是否顺畅;松开活塞环钳的握柄,检查活塞环钳能否正常回收。

3. 查阅维修资料

　　操作现场可能有如下三种形式的维修资料。

（1）完整版的发动机机械维修手册。

（2）简易的与本操作相关的部分维修资料。

如果是完整版的发动机机械维修手册,需翻阅手册中的目录,逐级找到本操作部分所在的页码。

快速熟悉手册中本操作部分的步骤和规定扭力。手册翻开后不要合上,以备操作过程中随时查阅。

美系车辆维修手册中规范的参数和扭力在每个系统维修手册的第一页；在分步骤的操作中也有。

（3）安装于电脑中的维修手册电子文档。

打开电脑中的维修手册，找到手册中的目录，逐级找到本操作部分所在的页码。

 日系车辆的维修手册中的规范的参数和扭力在每个系统维修手册的分步骤的操作中。

4. 拆卸活塞连杆组

 注意活塞相对于连杆的安装位置。

（1）用小号起子从活塞销孔里细致地撬出固定卡环的一头，再顺着撬出卡环的下部，将卡环从槽中完全撬出，拆下。

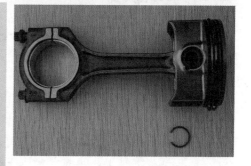

 小心卡环拆出时弹走。切勿损坏孔。

（2）撬出另一侧活塞销孔中的固定卡环。

 活塞销与活塞销座孔及连杆小头衬套孔的连接配合有全浮式安装和半浮式安装两种方式。

全浮式安装：当发动机工作时，活塞销、连杆小头和活塞销座相对运动，活塞销能在连杆衬套和活塞销座中自由摆动。为了防止全浮式活塞销轴向窜动刮伤气缸壁，在活塞销两端装有挡圈，进行轴向定位。

如果用右图所示的孔用挡圈，须用内卡簧钳。

半浮式活塞销连接时,活塞销固定在连杆小端孔中,活塞销与连杆通过紧配合来防止销的窜动。工作时活塞销只能在两端销座孔内转动。

装配与拆卸必须用液压机配合专用工具进行拆装。

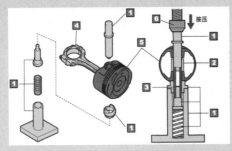

图中1为活塞销拆卸工具和更换工具,2为连杆,3为活塞销,4为轴承盖,5为活塞,6为液压机。

(3)将活塞销从活塞挤压出,将活塞连杆分离。

 辨别活塞、连杆的朝向标记。

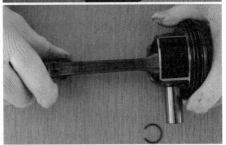

(4)拧下连杆螺栓。

 不取下连杆轴承。

(5)用活塞环钳,以活塞环平整地与活塞环钳的座面接触的方式,依次拆卸第一道和第二道活塞环。

 活塞环扩张过度或者扭曲会损坏。拆下前进行辨别,包括第几道、活塞环上的朝向标记等。

(6) 拆卸油环。

 油环有整体式油环和组合式油环两种。

整体式油环外圆上切有环形槽,槽底开有回油用的小孔和窄槽。整体式油环可以用活塞环钳进行拆装。

组合式油环由上下刮油片和产生径向和轴向弹力的衬簧组成。应徒手拆装。

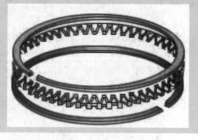

① 将带活塞环的活塞平放在工作台上。
② 找到上油环刮片的开口,将一端开口轻轻拉出活塞环槽,再顺油环刮片将油环刮片拉出活塞环槽,直到油环另一端从活塞环槽中分离。

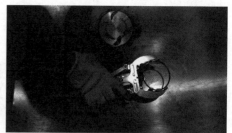

③ 两手抓住油环上刮片与开口呈 90°的两侧,往活塞头部拉出油环上刮片。

 避免油环刮片又卡到活塞气环槽中。活塞环扩张过度或者扭曲会损坏。

④ 找到油环衬簧的开口,分离对搭或对插处,拆下油环衬簧。

⑤ 找到下油环刮片的开口,将一端开口轻轻拉出活塞环槽,再顺油环刮片将油环刮片拉出活塞环槽,直到油环另一端从活塞环槽中分离。

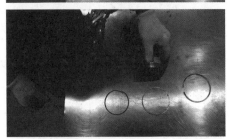

⑥ 两手抓住油环下刮片与开口呈 90°的两侧,往活塞头部拉出油环下刮片。

⑦ 摆放整齐。

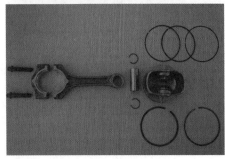

5. 清洁、清理

(1) 用一个被挫成楔形的开口活塞环除去活塞凹槽中的油碳。

(2) 用铲刀铲去活塞顶部的油碳。

(3) 用清洗剂在清洗盆范围上喷洗活塞的顶部、环槽部、裙部、活塞销座孔、活塞内部。

(4) 拆下连杆轴承。

(5) 用清洗剂在清洗盆范围上喷洗连杆的小头、杆身、大头、连杆盖、连杆螺栓、连杆轴承、活塞销、卡环、活塞环。

（6）用压缩空气吹净上列零部件，并摆放整齐。

6. 目视检查

（1）仔细检查活塞有无裂纹。

（2）检查活塞环槽以及活塞销孔情况是否正常。

（3）检查活塞销有无异常磨损。

（4）检查连杆杆身有无裂纹、磕碰痕迹。

（5）检查连杆衬套有无异常磨损。

（6）将活塞销穿入连杆小头，一只手抓住连杆，另一只手拇指和食指分别按住活塞销两端，上下左右用力摆动，检查活塞销和连杆衬套是否配合良好。

（7）检查连杆螺栓表面有无肉眼可见的缺陷，不允许有碰伤、拉毛、变形、裂纹、螺纹损坏和配合松动等缺陷。

(8)检验连杆螺栓与螺纹的配合情况,应无卡阻和松动现象。

(9)检查连杆轴承表面有无异常磨损。

(10)将连杆轴承安装到连杆及连杆盖中,安装过程中,检查连杆轴承装入连杆安装孔时是否有一定的弹性。检查止口处的配合是否紧密、正常。

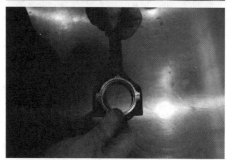

7. 安装活塞连杆组

 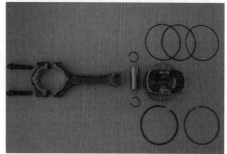

（1）辨别连杆杆身和连杆盖上的安装标记。

（2）用连杆螺栓将连杆杆身和连杆盖连接一起。

（3）辨别活塞头部的安装朝向。

（4）按照装配标记的要求，将连杆小头伸入活塞里。在活塞销表面涂抹一层机油，用手将活塞销按入活塞和连杆中，将活塞连接到连杆上。

（5）将两个固定卡环分别插入活塞两端的环槽中，用小起子进行装配，确认卡环完全落到槽中。

（6）安装活塞环。
① 徒手将油环衬簧装入活塞油环槽中，并将接头连接好。

② 徒手将下油环刮片装入活塞油环槽中。

 活塞环可能会因扩张过度或者扭曲而损坏。

③ 徒手将上油环刮片装入活塞油环槽中。

④ 辨认第二道活塞环的安装朝向，使"TOP"朝上。

⑤ 将第二道活塞环装在活塞环钳上，装入第二道活塞环槽中。

⑥ 辨认第一道活塞环的安装朝向，使"TOP"朝上。

⑦ 将第一道活塞环装在活塞环钳上，装入第一道活塞环槽中。

⑧ 设置活塞环间隙位置。

 活塞环开口位置如下图所示。

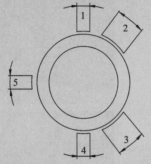

不要将所有的活塞端隙放成一排。因为这样会通过端隙泄漏更多的压缩气体。

油环刮片的衬簧在位置3,油环刮片的钢环在位置4和/或5。

第二道活塞环(精密环)在位置2。

第一道活塞环(右侧环)在位置1。

完成安装后,将活塞连杆组平放于桌面上。

(7) 填写工单(附后)。

8. 清洁、整理工作现场

(1) 使用干净的擦拭布清洁工具。
(2) 将清洁后的工具归位。
(3) 清扫场地。
(4) 脱掉手套,清洁手部。
(5) 将维修手册合上,归位。

9. 缴交工单

提交填写好的工单。

四、活塞连杆组拆装工单

序号	操作内容	内容填写或选择
1	检查设备	活塞、连杆之间是否灵活摆动:□是;□否。
2	检查工具	检查工具齐全、无损,能否正常使用:□能;□否。
3	查阅维修资料	三种形式的维修资料的使用方法。
4	拆卸活塞连杆组	所拆卸的活塞连杆组的活塞销连接为:□全浮式;□半浮式。
		拆卸活塞环中的气环使用:□活塞环钳;□徒手。
		拆卸活塞环中的油环使用:□活塞环钳;□徒手。
5	清洁、清理	清洁、清理部位:_____。
6	目视检查	活塞是否有裂纹:□是;□否。
		活塞环槽以及活塞销孔情况是否正常:□是;□否。
		活塞销是否有异常磨损:□是;□否。
		连杆杆身是否有裂纹、磕碰痕迹:□是;□否。
		连杆衬套是否有异常磨损:□是;□否。
		活塞销和连杆衬套是否配合良好:□是;□否。
		连杆螺栓表面是否有肉眼可见缺陷:□是;□否。
		连杆螺栓与螺纹的配合情况是否正常:□是;□否。
		连杆轴承表面是否有异常磨损:□是;□否。
		连杆轴承装入连杆安装孔时是否有一定的弹性:□是;□否。
		连杆轴承止口处的装配是否正常:□是;□否。
7	安装活塞连杆组	写出活塞头部的安装朝向标记:_____。其朝向为_____。
		写出活塞环上的安装标记:_____。其朝向为_____。

续表

序号	操作内容	内容填写或选择
7	安装活塞连杆组	画出实际安装的活塞环开口位置： （活塞顶部）
8	清洁、整理工作现场	清洁工具并归位。

五、活塞连杆组拆装评价要素

表格中列举了评价项目和评价要素，具体配分由教师负责安排。

序号	评价项目	评价要素	配分	得分
1	检查设备	是否检查活塞连杆组的实际状况		
		是否检查活塞、连杆之间的连接状况		
		是否观察活塞连杆组的安装标记		
2	检查工具	是否选用合适		
		是否使用合理		
3	查阅维修资料	是否查阅维修手册		
		是否按照正确的步骤和顺序查阅维修手册		
4	拆卸活塞连杆组	在拆卸前是否再次确认活塞相对于连杆的安装位置		
		是否使用合适的工具拆卸活塞销卡环		
		能否拆出活塞销卡环		
		拆卸活塞销卡环时，是否造成卡环弹走		
		拆卸活塞销卡环时，是否造成活塞销孔损坏		
		能否将活塞销从孔中挤出		
		是否使用活塞环钳拆卸气环		
		能否熟练使用活塞环钳拆卸气环		
		用活塞环钳拆卸活塞环时，是否造成活塞环扭曲或折断		
		是否徒手拆卸油环		
		拆卸油环时，是否造成扭曲或折断		
5	清洁、清理	是否在清洗盆上清洗零部件		
		是否清洗干净		
		有无漏清洁现象		

续表

序号	评价项目	评 价 要 素	配分	得分
6	目视检查	是否细致检查活塞连杆,对存在的异常磨损、裂纹、磕碰痕迹、配合松动和剥落等有无漏检现象		
		有无漏检部位		
7	安装活塞连杆组	是否细致、准确辨别连杆杆身和连杆盖上的安装标记		
		用连杆螺栓将连杆杆身和连杆盖连接一起时,是否存在安装标记不对的状况		
		是否细致、准确辨别活塞头部的安装朝向		
		是否按照装配标记的要求,将连杆小头伸入活塞里		
		能否用手将活塞销按入活塞和连杆中,能否将活塞连接到连杆上		
		能否将两个固定卡环分别插入活塞两端的环槽中		
		卡环是否完全落到槽中,是否进行确认		
		能否徒手将油环下刮片装入活塞油环槽中		
		将油环刮片装入活塞油环槽时,有否扩张过度或者扭曲而损坏		
		安装气环时,是否辨认活塞环的安装朝向		
		能否将活塞环装在活塞环钳上,并装入活塞环槽中		
		安装活塞环时,有否扩张过度或者扭曲而损坏		
		安装活塞环后,是否设置活塞环间隙位置		
		是否调整活塞环的开口位置		
		调整活塞环的开口位置是否正确		
8	5S	操作过程中、完成后是否及时清洁、清扫、整理、整顿工具、设备和工作场地		
9	零部件状况	是否损伤		
		是否损坏		
10	安全文明	是否严格按照规程进行作业		
		人员有无受伤		
		有无工具、仪器、仪表、设备损坏		
		是否严重违反操作原则,野蛮操作		
11	工单填写	是否准确、正确填写		
		填写是否完整		

车轮总成的拆装及检查

一、测试项目:车轮总成的拆装及检查

1. 测试内容

(1) 按照维修手册中的方法、步骤及技术要求,对指定的一个车轮进行拆卸;
(2) 目视检查胎圈的状况;
(3) 目视检查轮胎的状况;
(4) 按照维修手册中的方法、步骤及技术要求,安装车轮;
(5) 根据操作过程和结果,填写工单。

2. 测试要求

(1) 正确阅读、理解维修手册中提示使用的工具及操作方法和步骤;
(2) 合理选择和规范使用工具;
(3) 作业项目完整,作业流程符合维修手册要求,操作规范;
(4) 工单填写正确、完整;
(5) 操作过程安全、文明。

3. 测试形式

(1) 考生在抽取试题后,给予 1 min 考前认识试题内容的时间;
(2) 在考试要求的时间内,考生按试题要求,在指定的工位上使用考点提供的维修资料、工具、设备、器材,完成拆装、检查车轮总成的实践操作;
(3) 填写工单。

4. 测试前准备

(1) 每个工位面积不小于 30 m^2,配轿车一部,举升机 1 部(车辆停放其上);
(2) 配套车型的底盘维修手册 1 本;

(3) 常用拆装工具 1 套,指针式扭力扳手 1 把,与轮胎螺栓规定紧固扭力相适应的预置式扭力扳手 1 把,记号笔 1 支,胎纹深度尺 1 把,胎压表 1 个。

5. 测试时间

15 min。

> 警示:下列课程中的视频、完整的操作步骤和操作方法,是完成这一项目的一般指引,不仅适用于本课程所应用的车型,也适用于其他车型。但其中的各种参数是就这种车型而言的,其他车型的参数,请参照其维修手册。在一些考核场合,车辆可能是处于举升状态。在一些考核场合,润滑及清洁清理的程序可以简化。

二、车轮总成的拆装及检查的相关操作视频

三、车轮总成的拆装及检查操作步骤及要求

1. 检查设备

(1) 检查车辆的停放及举升位置。

 车轮总成拆装可以用的举升设备有以下五种。

(1) 双柱举升机。

(2) 小剪举升机。

(3) 带二次举升的大剪举升机。

（4）四柱举升机。

（5）千斤顶：包括机械式千斤顶和液压千斤顶两种。液压千斤顶有螺旋液压千斤顶和卧式液压千斤顶两种。

① 机械式千斤顶如右图。

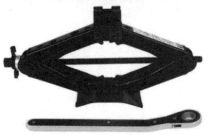

② 螺旋液压千斤顶如右图。

③ 卧式液压千斤顶如右图。

（2）检查车辆在举升装置中的停放位置。

 车辆停放在双柱举升机双柱的中间位置，车身的B柱与双柱基本平齐。

 车辆停放在小剪举升机的中间位置,两边留出的平板宽度基本相同,车身的B柱约处于平板长度方向中间位置。

 车辆停放在大剪举升机的中间位置,两边留出的平板宽度基本相同,车身的B柱约处于平板长度方向中间位置。

5 车轮总成的拆装及检查 | 95

（3）车辆的举升支撑位置。

（1）左、右固定位置：将车辆放在举升机的中间。

（2）前、后固定位置：将连接板的缓冲垫橡胶对准附加支撑块下端（A 和 C）。将附加支撑块上端（B）对准门槛凸缘前侧凹槽。

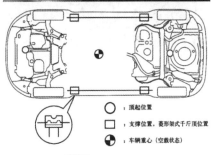

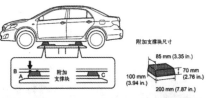

（4）举升机的按钮及锁止。

 双柱举升机的控制按钮盒固定在立柱上。包括电源开关、举升按钮、下降按钮、电源指示灯。

其保险类型一般为机械保险。放下车辆前应先举升车辆，将安全保险锁销打开，再按下降按钮使车辆缓慢下降至举升臂放至最低为止，移开举升臂，驶出车辆。

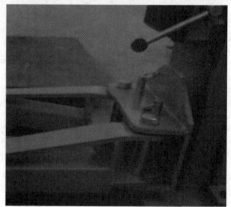

 小剪举升机的控制按钮柜为独立式，上有紧急停止按钮、电源指示灯、举升按钮、下降按钮、锁止按钮、警告蜂鸣喇叭。

按下举升开关举升车辆到需要高度时，按锁止按钮进行机械保险锁止。举升机下降时，按下降按钮，举升机横梁的挡块脱离保险板，举升机便自行下降。

5 车轮总成的拆装及检查

 带二次举升的大剪举升机控制按钮柜为独立式,上有警告蜂鸣喇叭、电源指示灯、停止/转换旋钮、锁止按钮、举升按钮、下降按钮。

需要整车举升时,将停止/转换旋钮转至大剪位置,按下举升按钮举升车辆,举升过程中挡块平稳地锁在保险板上,待举升机停稳,按下锁止按钮,挡块平稳地锁在保险板后方可进行维修。举升机下降时,须先按下下降按钮,举升机横梁的挡块脱离保险板后,举升机先向上而后便自行下降。需要二次举升时,将停止/转换旋钮转至小剪位置即可操作。

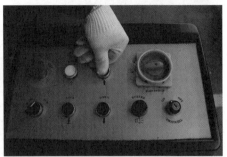

2. 检查工具

(1) 检查套装工具是否有缺少、损坏。

(2) 检查指针式扭力扳手的指针是否与刻度盘中的"0"位置对齐。

(3) 检查预置式扭力扳手的扭力范围。

（4）尝试如何锁止和解锁旋转预置式扭力扳手的锁紧手柄，转动调整轮检查是否可以转动。

（5）检查记号笔是否可以正常书写。

（6）检查胎纹深度尺。

 胎纹深度尺有数显花纹尺、钢质数字刻度花纹尺、塑料数字刻度花纹尺等几种。检查数显花纹尺的数字显示（数显）是否正常；检查钢质数字刻度花纹尺尺身（数字刻度）上的刻度是否清晰，尺身有否变形。

（7）检查胎压表。将胎压表接上压缩空气管，压住开关，检查指针（指针式）或数字（数显）是否在零位。

3. 查阅维修资料

 操作现场可能有如下三种形式的维修资料。

（1）完整版的发动机机械维修手册。

（2）简易的与本操作相关的部分维修资料。

如果是完整版的发动机机械维修手册，需翻阅手册中的目录，逐级找到本操作部分所在的页码。

快速熟悉手册中本操作部分的步骤和规定扭力。手册翻开后不要合上，以备操作过程中随时查阅。

车辆维修手册中规范的参数和扭力在每个系统维修手册的第一页；在分步骤的操作中也有。

（3）安装于电脑中的维修手册电子文档。

打开电脑中的维修手册，找到手册中的目录，逐级找到本操作部分所在的页码。

5 车轮总成的拆装及检查　99

4. 拆下车轮

（1）标记车轮相对于轮毂的位置。

（2）用指针式扭力扳手、接杆、套筒，拆松车轮螺母。

> 提示：拆卸轮胎螺栓应对角进行。拆卸下的轮胎螺栓整齐排放于工具车上。

（3）妥善支撑车辆并举升。

(4) 拆卸车轮螺母。

> 如果渗透性机油沾到车轮和制动盘或制动鼓之间的垂直表面上,则在车辆行驶时会导致车轮松动,造成车辆失控和伤人事故。

由于车轮和轮毂/轴之间所用材料不同或者安装太紧,车轮可能难以拆下。可以用橡胶砂锤轻轻地敲打轮胎侧面来拆下车轮。不遵循此说明操作可能会导致车轮损坏。

(5) 车轮螺母摆放整齐。
(6) 将轮胎和车轮总成从车辆上拆下。

(7) 填写工单(附后)。

5. 清洁、清理

(1) 用钢丝刷和清洁剂清除车轮和轮毂安装面上的所有锈蚀或异物。

> 安装车轮之前,去除车轮支座面、制动鼓或制动盘支座面上的锈蚀。安装车轮时,若安装面金属之间接触不紧密,会引起车轮螺母松动。这将导致车辆行驶时车轮脱落,造成车辆失控并很可能伤人。

(2) 用钢丝刷和清洁剂清洁车轮双头螺栓和车轮螺母上的螺纹。

 通过使用中间孔或车轮双头螺栓将轮盘与前轮毂对准。

千万不要润滑车轮螺母、双头螺栓和支座面,或者向其抹油。车轮螺母、双头螺栓或支座面必须清洁干燥。紧固润滑过的零件会损害车轮双头螺栓。这将导致车辆行驶时车轮脱落,造成车辆失控并很可能伤人。

(3) 用钢丝刷和清洁剂清理车轮内侧和轮毂安装面上的所有锈蚀或异物。

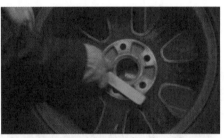

(4) 为阻止车轮中间卡入车轮,安装之前用轴承油脂轻轻涂抹在轮辋的内侧中间安装座上。

(5) 填写工单(附后)。

6. 检查

(1) 目视检查轮辋是否过度变形、损坏或腐蚀。

（2）轮胎状况的检查。

① 找到原厂要求的前后车轮的轮胎型号和标准胎压并记录。

② 检查实车安装轮胎型号与车辆铭牌要求的是否一致。

③ 检查轮胎磨耗标志。

 如果达到最小轮胎胎面深度，表明轮胎胎面磨损已到极限。轮胎磨耗标志位于胎面花纹沟的底部，是稍稍高于沟底 1.6 mm 的凸台。为了便于检查，轮胎上有不少于四处磨耗标志，标记在胎面基部，标志为 TWI 或三角形凸台。当胎面磨损到这个凸台的深度时，花纹沟断开，不再连续，就说明轮胎已经磨耗到花纹即将磨平，不能再继续使用了。否则，轮胎的防滑排水性能会明显下降，非常容易打滑，十分危险。

所以，当看到轮胎花纹磨得不再连续时，说明轮胎已快磨平，应当通知客户尽快更换新轮胎，并在保养计划检查表的"观察现象"栏中填写"轮胎磨耗标志可见"，VL/VR、HL/HR 的单位为毫米。这种情况下，必须测量并记录实际剩余胎面深度。

④ 检查轮胎磨损。

 转向过猛/充气不足；定位不正确/缺少换位；定位不正确/轮胎不一致；加速过猛/轮胎气压过高等，都是车轮异常磨损的原因。

检查轮胎和车轮总成是否嵌入金属颗粒、石子或者其他杂物；是否有裂纹、割痕、异常磨损，如胎面凹陷、平斑和(或)胎面边缘磨损、轮胎侧壁鼓包等情况，检查轮胎充气压力是否符合车辆规定。

 这些情况会使轮胎发出隆隆声、呼啸声、拍打声和/或导致整个车辆振动。

切勿将鼓包这一异常状况与正常的帘布层搭接接头(通常表现为侧壁上的凹痕)混淆。

(1) 轮胎磨损均匀但磨损量大。

(2) 轮胎偏磨。

(3) 轮胎两侧磨损过大。

(4) 轮胎出现斑秃形磨损。

(5) 鼓包。

(6) 胎肩波浪状磨损。

(7) 外倾角过大造成的偏磨。

(3) 用胎纹深度尺测量车轮轮胎胎纹深度。

 使用胎纹深度尺测量胎纹深度前,应校正胎纹深度尺。

轮胎胎纹沟槽为四槽的,测量由外向里的第二槽;轮胎胎纹沟槽为三槽的,测量中间的槽。

测量点为轮胎沟槽圆周上均分四个点,记录最小值。

(4) 拆下轮胎气门嘴帽,用胎压表检查调整车轮轮胎胎压。

 胎压表应校正,先看胎压表指针是否在零位,插上气管,再放气,看胎压表指针是否回在零位。

检查气压后,通过在气门周围涂肥皂水检查是否漏气。安装气门嘴帽。

5 车轮总成的拆装及检查

7. 安装车轮

（1）将车轮定位标记对准轮毂，安装轮胎和车轮总成。

（2）用指针式扭力扳手、接杆、套筒安装车轮螺母。

 按图示顺序均匀地交替紧固螺母，以避免跳动量过大。

（3）降下车辆，用预置式扭力扳手、接杆、套筒按图示顺序将车轮螺母紧固至 140 N·m。

（4）填写工单（附后）。

8. 清洁、整理工作现场

（1）使用干净的擦拭布清洁工具。

（2）将清洁后的工具归位。

（3）把预置式扭力扳手的扭力值调至零位放置，以保持扳手精度，延长使用寿命。

（4）清扫场地。
（5）脱掉手套，清洁手部。
（6）将维修手册合上，归位。

9．缴交工单

提交填写好的工单。

四、车轮总成的拆装及检查工单

序号	操 作 内 容	内容填写或选择
1	检查设备	检查举升装置的状况、车辆停放位置。
2	检查工具	检查工具齐全、无损，能否正常使用：□能；□否。
3	查阅维修资料	三种形式的维修资料的使用方法。
4	拆下车轮	在下图圆圈中用数字1~5写出拆卸车轮螺栓的顺序。 
5	清洁、清理	清洁、清理部位：_____。

续表

序号	操作内容	内容填写或选择
6	检查	填写原厂要求的前后车轮的轮胎型号和标准胎压：_____。 实车安装轮胎型号与车辆铭牌要求的是否一致：□是；□否。 轮辋是否过度变形、损坏或腐蚀：□是；□否。 轮胎和车轮总成是否嵌入金属颗粒、石子或者其他杂物：□是；□否。 轮胎是否有裂纹、割痕、异常磨损：□是；□否。 胎面是否有凹陷：□是；□否。 胎面边缘是否有磨损：□是；□否。 轮胎侧壁是否有鼓包：□是；□否。 轮胎是否出现斑秃形磨损：□是；□否。 胎肩是否有波浪状磨损：□是；□否。 是否有外倾角过大造成的偏磨：□是；□否。 车轮轮胎胎纹深度：_____。 实际测量轮胎胎压：_____。 标准轮胎胎压：_____。
7	安装车轮	在下图圆圈中用数字1～5写出安装车轮螺栓的顺序。  车轮螺母紧固扭力：_____。
8	清洁、整理工作现场	清洁工具并归位。

五、车轮总成的拆装及检查评价要素

表格中列举了评价项目和评价要素，具体配分由教师负责安排。

序号	评价项目	评价要素	配分	得分
1	检查设备	是否检查举升装置的状况		
		是否检查车辆停放位置		
		举升车辆时支撑点位置是否正确		
		是否熟练使用举升机		
2	检查工具	是否选用合适		
		是否使用合理		

续表

序号	评价项目	评 价 要 素	配分	得分
3	查阅维修资料	是否查阅维修手册		
		是否按照正确的步骤和顺序查阅维修手册		
4	拆下车轮	在拆卸前是否标记车轮相对于轮毂的位置		
		是否使用合适的工具拆卸车轮螺栓		
		能否按照正确的顺序拆下车轮螺栓		
		举升车辆是否到合适的高度		
		举升车辆后是否落锁保险后再操作		
5	清洁、清理	是否清除干净车轮和轮毂安装面上的所有锈蚀或异物		
		是否清洁干净车轮双头螺栓和车轮螺母上的螺纹		
		是否清理干净车轮内侧和轮毂安装面上的所有锈蚀或异物		
		有无漏清洁、清理部位		
6	检查	是否细致检查轮辋,对存在的过度变形、损坏或腐蚀等有无漏检现象		
		能否找到原厂要求的前后车轮的轮胎型号和标准胎压		
		能否判断实车安装轮胎型号与车辆铭牌要求是否一致		
		能否找到轮胎磨耗标志		
		能否对轮胎磨耗进行判断		
		能否检查出轮胎和车轮总成中嵌入的金属颗粒、石子或者其他杂物		
		能否检查出轮胎的磨损		
		能否判断轮胎磨损的类型		
		能否准确测量车轮轮胎胎纹深度		
		能否准确测量车轮轮胎胎纹深度值		
		是否正确使用胎压表,使用前是否校准胎压表		
		胎压表测量调整轮胎胎压是否准确		
		有无漏检部位		
7	安装车轮	是否将车轮定位标记对准轮毂后,再安装轮胎和车轮总成		
		是否按照正确的顺序安装车轮		
		车轮安装的扭力是否符合规定数值		
8	5S	操作过程中、完成后是否及时清洁、清扫、整理、整顿工具、设备和工作场地		

续表

序号	评价项目	评价要素	配分	得分
9	零部件状况	是否损伤		
		是否损坏		
10	安全文明	是否严格按照规程进行作业		
		人员有无受伤		
		有无工具、仪器、仪表、设备损坏		
		是否严重违反操作原则，野蛮操作		
11	工单填写	是否准确、正确填写		
		填写是否完整		

6

气缸圆柱度的测量

一、测试项目:气缸圆柱度的测量

1. 测试内容

(1) 按照维修手册中的方法、步骤及技术要求,测量指定发动机中的一个气缸的圆柱度误差;

(2) 计算所测量气缸的圆柱度误差;

(3) 根据操作过程和结果,结合维修手册中的技术标准作出判断,并填写工单。

2. 测试要求

(1) 正确阅读、理解维修手册中提示使用的量具及测量方法和步骤;

(2) 合理选择和规范使用量具;

(3) 作业项目完整,作业流程符合维修手册要求,操作规范;

(4) 测量过程中,读取量具中读数的方法正确、读数结果准确;

(5) 计算方法及结果正确;

(6) 工单填写正确、完整;

(7) 操作过程安全、文明。

3. 测试形式

(1) 考生在抽取试题后,给予 1 min 考前认识试题内容的时间;

(2) 在考试要求的时间内,考生按试题要求,在指定的工位上使用考点提供的工具、量具、设备、器材,完成测量气缸圆柱度的实践操作;

(3) 填写工单。

4. 测试前准备

(1) 不小于 10 m^2 面积的工位,配工作台 1 张;

（2）发动机气缸体 1 台；

（3）配套的发动机机械维修手册 1 本；

（4）常用拆装工具 1 套，1～150 mm 游标卡尺 1 把，与气缸尺寸相适应的外径千分尺 1 把，千分尺固定座 1 座，与气缸尺寸相适应的量缸表 1 套，钢板直尺 1 把，记号笔 1 支。

5. 测试时间

15 min。

> **警示**　下列课程中的视频、完整的操作步骤和操作方法，是完成这一项目的一般指引，不仅适用于本课程所应用的车型，也适用于其他车型。但其中的各种参数是就这种车型而言的，其他车型的参数，请参照其维修手册。在一些考核场合，清洁、清理的程序可以简化。

二、气缸圆柱度测量的相关操作视频

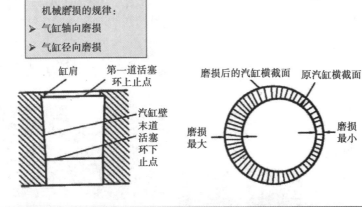

三、气缸圆柱度测量的操作步骤及要求

1. 检查设备

检查所要测量的气缸体。目视检查气缸是否存在磨损、变锥形、跳动量、起棱等情况。

2. 检查工具、量具

（1）检查套装工具是否有缺少、损坏。

（2）检查游标卡尺。

① 擦净游标卡尺量爪。

② 检查各部件的相互作用,拉动尺框沿尺身移动,检查其移动是否灵活,有无阻滞或卡死现象,紧固螺钉能否起作用。

（3）检查外径千分尺。

① 检查外径千分尺量程与所测量工件的尺寸是否适宜。观察外观有无影响测量的缺陷。

② 转动微分筒检查其是否转动灵活及接长杆中的芯杆活动情况,锁紧装置是否止动可靠。

（4）检查量缸表。

① 检查是否配置与测量尺寸相适宜的接长杆。

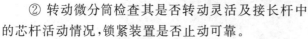

② 检查量缸表测量杆活动的灵活性,即轻轻推动测量杆时,测量杆在套筒内的移动要灵活,没有任何轧卡现象,且每次放松后,指针能回复到原来的刻度位置。

（5）检查钢板直尺的零刻度端是否完整，刻度是否清晰。

（6）检查记号笔是否可以正常书写。

3. 查阅维修资料

操作现场可能有如下三种形式的维修资料。

（1）完整版的发动机机械维修手册。

（2）简易的与本操作相关的部分维修资料。

如果是完整版的发动机机械维修手册，需翻阅手册中的目录，逐级找到本操作部分所在的页码。

快速熟悉手册中本操作部分的步骤和规定扭力。手册翻开后不要合上，以备操作过程中随时查阅。

美系车辆维修手册中规范的参数和扭力在每个系统维修手册的第一页；在分步骤的操作中也有。

（3）安装于电脑中的维修手册电子文档。

打开电脑中的维修手册，找到手册中的目录，逐级找到本操作部分所在的页码。

4. 清洁、清理气缸体

（1）用擦拭布或无尘擦拭纸沿上下方向将气缸壁清洁干净。

（2）用压缩空气枪吹净气缸壁。

5. 安装、校准量具

（1）校对零位，使游标卡尺两量爪紧密贴合，检查主尺零线与游标卡尺零线应对齐；数显卡尺是否归零；带表卡尺指针是否处于"0"位置。

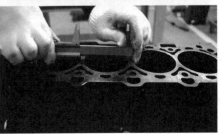

（2）用量程 0～150 mm 的游标卡尺测量气缸缸口的直径。

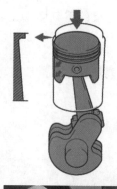
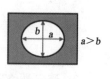

 根据气缸的磨损规律，气缸中部为磨损最大的部位，其中与活塞销垂直的气缸中部（横向）磨损量最大。

（3）在气缸壁上作记号。
① 用钢板直尺测量气缸的高度。
② 用记号笔在离气缸上边缘 10 mm 左右处画记号。
③ 在气缸高度中间位置画记号。
④ 在离气缸下边缘 10 mm 左右处画记号。

（4）校准、调整外径千分尺。

① 擦拭干净外径千分尺的两个测砧面，擦拭干净校对样棒，在两测砧面间放上校对样棒，转动测微螺杆使它们贴合在一起。

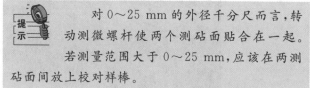 对 0～25 mm 的外径千分尺而言，转动测微螺杆使两个测砧面贴合在一起。若测量范围大于 0～25 mm，应该在两测砧面间放上校对样棒。

② 检查微分筒圆周上的"0"刻线，是否对准固定套筒的中线，微分筒的端面是否正好使固定套筒上的"0"刻线露出来。如果两者位置都是正确的，就认为外径千分尺的零位是对的；否则就要进行校正，使之对准零位。

 如果零位是由于微分筒的轴向位置不对，如微分筒的端部盖住固定套筒上的"0"刻线，或"0"刻线露出太多，每格中的半刻线搞错，必须进行校正。

③ 用制动器把测微螺杆锁住，再用外径千分尺的专用扳手，插入测力装置轮轴的小孔内，把测力装置松开（逆时针旋转），微分筒就能进行调整，即轴向移动一点。使固定套筒上的"0"线正好露出来，同时使微分筒的零线对准固定套筒的中线，然后把测力装置旋紧。

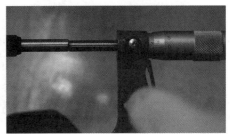

 如果零位是由于微分筒的零线没有对准固定套筒的中线，也必须进行校正。

④ 用外径千分尺的专用扳手，插入固定套筒的小孔内，把固定套筒转过一点，使之对准零线。

 但当微分筒的零线相差较大时，不应当采用此法调整，而应该采用松开测力装置转动微分筒的方法来校正。

⑤ 将外径千分尺固定在千分尺固定座上。

⑥ 转动微分筒，将外径千分尺尺寸调整到比气缸直径数值大 1 mm，用制动器把测微螺杆锁住。

（5）组装、调整量缸表。

测量气缸的磨损通常使用量缸表。用量缸表进行测量时，应注意使测杆与气缸轴线保持垂直位置，以求测量的准确性。当摆动量缸表，其指针指示到最小读数时，即表示测杆垂直于气缸轴线，这时才能记录读数，否则测量不准确。

① 将百分表的测量头装入表杆上端的孔中，并使表盘朝向测量杆的固定点，以便于观察。

② 将百分表往下按，观察表盘上的短针，使百分表测量头有 1 mm 的压缩量。

③ 根据游标卡尺测得的气缸直径数值选择合适的千分尺测量接杆，并将其旋在量缸表下端。

④ 将量缸表测量杆一端放在千分表两个测砧面间，可动测量头垂直地触及一测砧面；转动量缸表可换测量杆，使可换测量杆的头端轻轻地接触到另一测砧面，当可换测量杆的头端轻轻地接触到另一测砧面时，再轻轻转动，即可以观察到百分表长表针摆动，这时可以反转可换测量杆，观察到百分表长表针摆动回最小位置时，在保持可换测量杆不动的前提下，轻轻地锁紧固定螺母。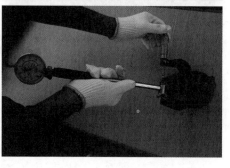

此时量缸表测量杆从可动测量杆端头到可换测量杆另一端头的长度，即是比气缸实际直径大 1 mm 的尺寸。

⑤ 一只手托住量缸表测量杆一端,在量缸表测量杆两端仍然触及千分尺两测砧面的前提下,另外一只手旋转百分表的表盘,使长表针对正零位。

6. 测量气缸

 握住量缸表的方法有满把握或三指法两种,可任选一种;但都要握在黑色绝热套上。

(1) 将量缸表倾斜,稍微压缩活动测杆,放入气缸内。

(2) 将量缸表的测量杆一端伸入气缸上部,测量第一道活塞环在上止点位置时所对应的,根据气缸磨损规律的与发动机气缸排列平行(纵向)及垂直(横向)的气缸壁。

(3) 使量缸表测量杆与气缸轴线垂直,测量气缸上平面的横向和纵向位置,测量时应轻轻上下摆动量缸表,表针指示的最小值时的数值即为被测值。

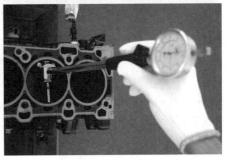

表盘读法：表头大指针顺时针方向转离"0"位表示被测工件尺寸小于标准尺寸；反之，逆时针方向偏离"0"位则表示被测工件尺寸大于标准尺寸。

　　气缸磨损只能是越磨缸径越大。例如：被测缸径上平面逆时针偏离"0"位12个小格，那么用12×0.01 mm加上标准缸径就是实测数值。

（4）横向和纵向位置各测量三次，将被测值逐一记录下来。

　　在填写气缸磨损时，应填写完整数值，再计算气缸磨损的圆度、圆柱度误差。

（5）将量缸表下移到气缸中间记号位置，测量气缸中部的气缸壁磨损状况。

（6）使量缸表测量杆与气缸轴线垂直，测量气缸中部横向和纵向位置，测量时应轻轻上下摆动量缸表，表针指示的最小值时的数值即为被测值。

（7）横向和纵向位置各测量三次，将被测值逐一记录下来。

（8）将量缸表下移到气缸下部记号位置，测量气缸下部的气缸壁磨损状况。

（9）使量缸表测量杆与气缸轴线垂直，测量气缸下部横向和纵向位置，测量时应轻轻上下摆动量缸表，表针指示的最小值时的数值即为被测值。

（10）横向和纵向位置各测量三次，将被测值逐一记录下来。

7. 计算气缸的圆柱度

 测量发动机气缸磨损程度是确定发动机技术状况的重要手段。通过测量，主要是确定气缸磨损以后的圆度、圆柱度偏差。圆度、圆柱度偏差用两点法测量。

（1）圆度误差计算：同一截面测得的最大值与最小值差的一半为该面的圆度误差。三个截面上的最大圆度误差作为本气缸的圆度误差。

（2）圆柱度误差计算：在三个截面内所测得的数据中，不同平面的最大与最小直径差值的一半即圆柱度误差。

根据气缸的磨损程度，确定发动机是否需要大修，并确定修理尺寸的级别，或根据维修手册中的要求进行维修或更换气缸体。

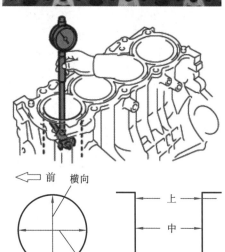

（1）计算气缸上部横向、纵向位置的平均值。

① 将气缸上部横向测得的三个数值取平均值，得出 $D_{上横}$。

② 将气缸上部纵向测得的三个数值取平均值，得出 $D_{上纵}$。

（2）计算气缸中部横向、纵向位置的平均值。

① 将气缸中部横向测得的三个数值取平均值，得出 $D_{中横}$。

② 将气缸中部纵向测得的三个数值取平均值，得出 $D_{中纵}$。

（3）计算气缸下部横向、纵向位置的平均值。

① 将气缸下部横向测得的三个数值取平均值，得出 $D_{下横}$。

② 将气缸下部纵向测得的三个数值取平均值，得出 $D_{下纵}$。

（4）在 $D_{上横}$、$D_{上纵}$、$D_{中横}$、$D_{中纵}$、$D_{下横}$、$D_{下纵}$ 中找出最大值 $D_{最大}$ 与最小值 $D_{最小}$，有（$D_{最大}-D_{最小}$）÷2＝圆柱度误差。

（5）翻阅维修手册，将计算值对照手册中的标准，判断气缸状况。

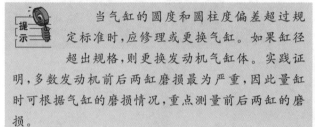
当气缸的圆度和圆柱度偏差超过规定标准时，应修理或更换气缸。如果缸径超出规格，则更换发动机气缸体。实践证明，多数发动机前后两缸磨损最为严重，因此量缸时可根据气缸的磨损情况，重点测量前后两缸的磨损。

（6）填写工单（附后）。

8. 清洁、整理工作现场

（1）拆解量缸表。使用干净的擦拭布清洁干净各部件，归位。

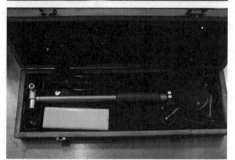

（2）将外径千分尺从千分尺固定座上拆下，使用干净的擦拭布清洁干净；清洁游标卡尺等工具、量具，归位。

(3) 清洁气缸体,清洁工作台面。

(4) 清扫场地。
(5) 脱掉手套,清洁手部。
(6) 将维修手册合上,归位。

9. 缴交工单

提交填写好的工单。

四、气缸圆柱度测量的操作工单

序号	操作内容	内容填写或选择
1	检查设备	气缸是否存在:磨损 □;变锥形□;跳动量□;起棱□。
2	检查工具、量具	检查工具、量具齐全、无损,能否正常使用:□能;□否。
3	查阅维修资料	三种形式的维修资料的使用方法。
4	清洁、清理	清洁、清理部位:_____。
5	安装、校准量具	测量气缸缸口的直径_____。 用记号笔在气缸高度_____画记号。 千分尺微分筒圆周上的"0"刻线是否对准固定套筒的中线:是□;否□ 将千分表尺寸调整到_____。 选择量缸表测量杆的规格为:_____。 量缸表测量杆从可动测量头头端到可换测量杆另一端头的长度为:_____。
6	测量气缸	气缸上横向:_____ mm;_____ mm;_____ mm。 气缸上纵向:_____ mm;_____ mm;_____ mm。 气缸中横向:_____ mm;_____ mm;_____ mm。 气缸中纵向:_____ mm;_____ mm;_____ mm。 气缸下横向:_____ mm;_____ mm;_____ mm。 气缸下纵向:_____ mm;_____ mm;_____ mm。

续表

序号	操作内容	内容填写或选择
7	计算气缸的圆柱度	平均值： $D_{上横}=$ _____ mm；$D_{上纵}=$ _____ mm； $D_{中横}=$ _____ mm；$D_{中纵}=$ _____ mm； $D_{下横}=$ _____ mm；$D_{下纵}=$ _____ mm； 圆柱度误差 $=(D_{最大}-D_{最小})\div 2=$ _____ mm。
8	清洁、整理工作现场	清洁工具、量具并归位。

五、气缸圆柱度测量评价要素

表格中列举了评价项目和评价要素，具体配分由教师负责安排。

序号	评价项目	评价要素	配分	得分
1	检查设备	是否检查所要测量的气缸体		
		是否发现所要测量气缸体存在的问题		
2	检查工具、量具	选用是否合适		
		使用是否合理		
		是否造成损坏		
3	查阅维修资料	是否查阅维修手册		
		是否按照正确的步骤和顺序查阅维修手册		
4	清洁、清理气缸体	是否进行清洁、清理		
		是否清除干净气缸中的所有锈蚀或异物		
5	安装、校准量具	是否错误选择量具测量气缸缸口的直径		
		用游标卡尺测量气缸缸口的直径是否准确测量在直径最大处		
		用游标卡尺测量气缸缸口的直径的数值是否准确		
		是否在气缸高度中间位置画记号，是否在离气缸下边缘10 mm左右处画记号		
		在气缸内画记号的位置是否准确		
		是否擦拭外径千分尺的两个测砧面		
		是否擦拭干净外径千分尺的两个测砧面		
		是否擦拭校对样棒		
		在两测砧面间放上校对样棒时，是否转动测微螺杆使它们贴合在一起		

续表

序号	评价项目	评价要素	配分	得分
5	安装、校准量具	是否校准外径千分尺		
		能否校准外径千分尺		
		能否将外径千分尺固定在千分表座上		
		将外径千分尺固定在千分表座上的夹持部位是否正确		
		是否将千分表尺寸调整到比气缸直径数值大 1 mm		
		将千分表尺寸调整到比气缸直径数值大 1 mm 后,是否用制动器把千分表的测微螺杆锁住		
		组装量缸表是否熟练		
		是否根据气缸直径的尺寸选择合适的接杆		
		是否将量缸表校准到外径千分尺的尺寸,并使伸缩杆有 1 mm 左右的压缩行程		
		量缸表校准到大于气缸尺寸 1 mm 后,是否调整旋转表盘的指针使之对准零位		
6	测量气缸	用量缸表进行测量时,测杆与气缸轴线是否保持垂直位置		
		量缸时,握法是否准确		
		量缸时,是否摆动量缸表		
		量缸时,当摆动量缸表,是否在指针指示到最小读数时,才记录读数		
		是否测量一次记录一次		
		是否根据气缸磨损规律选取测量点位		
		是否测量气缸上、中、下三个平面的横向和纵向六个位置		
		每个部位是否测量三次		
		在填写气缸磨损时,是否填写完整数值		
7	计算气缸的圆柱度	能否准确计算出每个位置测量数值的平均值		
		能否准确计算出每个位置测量数值的圆柱度		
		能否准确判断气缸的状况		
8	5S	操作过程中、完成后是否及时清洁、清扫、整理、整顿工具、设备和工作场地		
9	零部件状况	是否损伤		
		是否损坏		

续表

序号	评价项目	评 价 要 素	配分	得分
10	安全文明	是否严格按照规程进行作业		
		人员有无受伤		
		有无工具、仪器、仪表、设备损坏		
		是否严重违反操作原则,野蛮操作		
11	工单填写	是否准确、正确填写		
		填写是否完整		

7

活塞环端隙和侧隙的测量

一、测试项目:活塞环端隙和侧隙的测量

1. 测试内容

(1) 按照维修手册中的方法、步骤及技术要求,对指定的单个活塞的活塞环的端隙和侧隙进行测量;

(2) 根据测量过程和结果,结合维修手册中的技术标准作出判断,并填写工单。

2. 测试要求

(1) 正确阅读、理解维修手册中提示使用的量具及测量方法和步骤;
(2) 合理选择和规范使用量具;
(3) 作业项目完整,作业流程符合维修手册要求,操作规范;
(4) 测量过程中,读取量具中读数的方法正确、读数结果准确;
(5) 工单填写正确、完整;
(6) 操作过程安全、文明。

3. 测试形式

(1) 考生在抽取试题后,给予 1 min 考前认识试题内容的时间;
(2) 在考试要求的时间内,考生按试题要求,在指定的工位上使用考点提供的工具、量具、设备、器材,完成测量活塞环端隙和侧隙的实践操作;
(3) 填写工单。

4. 测试前准备

(1) 不小于 10 m^2 面积的工位,配工作台 1 张;
(2) 发动机气缸体 1 台;
(3) 与该发动机气缸体配套的安装有气环的活塞 1 个;

(4) 配套的发动机机械维修手册 1 本；

(5) 常用拆装工具 1 套,活塞环钳 1 把,厚薄规 1 把。

5. 测试时间

15 min。

> 警示　下列课程中的视频、完整的操作步骤和操作方法,是完成这一项目的一般指引,不仅适用于本课程所应用的车型,也适用于其他车型。但其中的各种参数是就这种车型而言的,其他车型的参数,请参照其维修手册。
>
> 在一些考核场合,清洁、清理的程序可以简化。

二、活塞环端隙和侧隙测量的相关操作视频

注意：徒手快速安装活塞环虽然在一定程度上证明了机械师的动手能力,但是往往在安装时就对活塞环造成了损坏。
虽然在一定程度上证明了机械师的动手能力。

三、活塞环端隙和侧隙测量的操作步骤及要求

1. 检查设备

检查带活塞环的活塞及气缸体。

(1) 检查活塞环有无断裂、磨损。

(2) 检查活塞有无磕碰后留下的金属堆叠,有无裂纹,表面有无磨损、毛刺;活塞销孔有无磕碰后留下的金属收口。

(3) 检查气缸壁有无拉缸痕迹,气缸壁表面有无起毛、锈蚀和严重磨损。

2. 检查工具

(1) 检查套装工具是否有缺少、损坏。

(2) 检查活塞环钳上的固定销是否缺失;握住手柄,捏动活塞环钳,检查活塞环钳上的固定销是否松动,拉力是否正常;松开活塞环钳的握柄,检查活塞环钳是否正常回收。

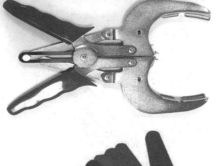

(3) 展开厚薄规中各片塞尺,检查各片塞尺的标注尺寸是否清晰;检查塞尺有无缺失;检查厚薄规表面有无弯折,不能有油污、锈蚀或其他杂质。

（4）用擦拭布清理厚薄规表面。

（1）根据结合面的间隙情况选用塞尺片数，如果所测间隙大于最大厚度的塞尺，可以用两片或两片以上的塞尺重叠进行测量，但片数愈少愈好。

（2）测量时不能用力太大，以免塞尺遭受弯曲和折断；不能测量温度较高的工件。

（3）使用塞尺时不能戴手套并保持手的干净、干燥。

（4）观察塞尺有无弯折、生锈，以免影响测量的准确度。

（5）擦拭塞尺上的灰尘和油污，以免影响测量的准确度。

（6）测量时不能强行把塞尺塞入测量间隙，以免塞尺弯曲或折断。

3. 查阅维修资料

操作现场可能有如下三种形式的维修资料。

（1）完整版的发动机机械维修手册。

（2）简易的与本操作相关的部分维修资料。

如果是完整版的发动机机械维修手册，需翻阅手册中的目录，逐级找到本操作部分所在的页码。

快速熟悉手册中本操作部分的步骤和规定扭力。手册翻开后不要合上，以备操作过程中随时查阅。

车辆维修手册中规范的参数和扭力在每个系统维修手册的第一页；在分步骤的操作中也有。

（3）安装于电脑中的维修手册电子文档。

打开电脑中的维修手册，找到手册中的目录，逐级找到本操作部分所在的页码。

4. 拆下活塞环

（1）辨认第一道气环的形状、朝向标记。

（2）清洁活塞环钳，用活塞环钳，以活塞环平整地与活塞环钳的座面接触的方式，拆卸第一道活塞环。

活塞环扩张过度或者扭曲会损坏。

(3) 辨认第二道气环的形状、朝向标记。
(4) 用活塞环钳,以活塞环平整地与活塞环钳的座面接触的方式,拆卸第二道活塞环。

(5) 拆卸油环。

 油环有整体式油环和组合式油环两种。

整体式油环外圆上切有环形槽,槽底开有回油用的小孔和窄槽。整体式油环可以用活塞环钳进行拆装。

组合式油环由上、下刮油片与产生径向和轴向弹力的衬簧组成。应徒手拆装。

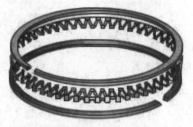

① 将带活塞油环的活塞平放在工作台上。

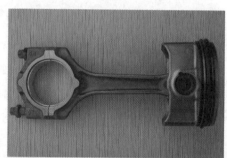

② 找到油环上刮片的开口,将一端开口轻轻拉出活塞环槽,再顺着油环上将油环拉出活塞环槽,直到油环另一端从活塞环槽中分离。

③ 两手抓住油环上刮片与开口呈90°的两侧,从活塞头部拉出油环上刮片。

 避免油环刮片又卡到活塞气环槽中。

④ 找到油环下刮片的开口,将一端开口轻轻拉出活塞环槽,再顺油环下刮片将油环拉出活塞环槽,直到油环另一端从活塞环槽中分离。

⑤ 两手抓住油环下刮片与开口呈90°的两侧,从活塞头部拉出油环下刮片。

⑥ 找到油环衬簧的开口，分离对搭或对插处，拆下油环衬簧。

⑦ 摆放整齐。

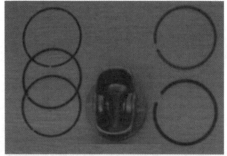

5．清洁、清理

（1）清洁、清理活塞、活塞环。

① 用一个废弃的被挫成楔形的开口活塞环除去活塞凹槽中的油碳。

② 用铲刀铲去活塞顶部的油碳。

③ 用清洗剂在清洗盆范围上喷洗活塞的顶部、环槽部、裙部、活塞销座孔以及活塞内部。

(2) 清洁、清理气缸。

① 用擦拭布或无尘擦拭纸沿上、下方向将气缸壁清洁干净。

② 用压缩空气枪吹净气缸壁。

6. 测量活塞环侧隙和端隙

(1) 测量活塞环侧隙。

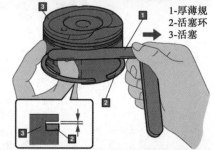

1-厚薄规
2-活塞环
3-活塞

 标准允许的侧隙如下。

矩形压缩环:0.04～0.08 mm。

锥形压缩环:0.03～0.07 mm。

刮油环:0.03～0.13 mm。

(本尺寸只是这一车型活塞环的标准侧隙。具体数据参照现场提供的手册)

① 将活塞保持水平,置于工作台面上。

② 将第一道活塞环平推入第一道活塞环槽中。

③ 用清洁布擦净厚薄规棱边和表面。选取恰当厚度的塞尺塞入活塞环在活塞环槽中留下的间隙。

 使用时不得碰撞,确保塞尺棱边、平面的完整性,否则影响测量精度。手不要接触厚薄规的塞尺,应握持厚薄规的头柄处,防止温度影响和发生锈蚀。

④ 平直地来回推拉塞尺,塞尺推拉时应自如且又有些微的阻力感,表示所选取的塞尺厚度即活塞环在活塞环槽中的侧隙。

> 测量三次,取平均值。
> 正确的侧隙值见维修手册的技术规范。如侧隙过大,表明活塞环槽磨损或者环的厚度不对,需更换。

⑤ 保持第二道活塞环水平。

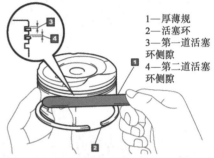

1—厚薄规
2—活塞环
3—第一道活塞环侧隙
4—第二道活塞环侧隙

⑥ 将第二道活塞环平推入第二道活塞环槽中。

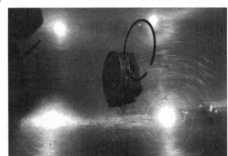

⑦ 选取恰当厚度的塞尺塞入活塞环在活塞环槽中留下的间隙。

⑧ 来回推拉塞尺,塞尺推拉时应自如且又有些微的阻力感,表示所选取的塞尺厚度即活塞环在活塞环槽中的侧隙。

⑨ 将油环的上刮片、油环衬簧、下刮片组合好，保持油环水平。

⑩ 将油环平推入第三道油环槽中。

⑪ 选取恰当厚度的塞尺塞入油环在油环槽中留下的间隙。

⑫ 来回推拉塞尺，应自如且又有些微的阻力感，所选取的塞尺厚度即油环侧隙。

（2）测量活塞环端隙。

 标准允许的活塞环端隙如下。
矩形压缩环：0.20～0.40 mm。
锥形压缩环：0.40～0.60 mm。
刮油环：0.25～0.75 mm。

将所测结果与维修手册中的标准值比较。间隙过大会造成窜过量或烧机油过多；间隙过小会造成发动机升温后活塞环在缸内卡滞或折断。

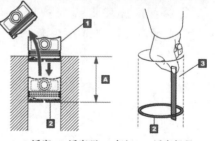

1-活塞 2-活塞环 3-气缸 A-活塞行程

① 辨认第一道活塞环的朝上标记,将第一道活塞环斜着装入对应的气缸。

② 在气缸内张开活塞环。

③ 用未装环的活塞将放在缸里的环顶正,并顶到气缸高度方向中间的位置。

 根据气缸的磨损规律,气缸中部为磨损最大的部位,其中与活塞销垂直的气缸中部(横向)磨损量最大。

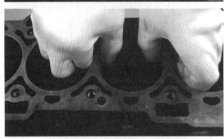

④ 用塞尺测量活塞环的开口间隙。

 测量三次,取平均值。

⑤ 来回推拉塞尺,塞尺推拉时应自如且又有些微的阻滞感,表示所选取的塞尺厚度即第一道活塞环在活塞环槽中的开口间隙。

⑥ 取出第一道活塞环。将第二道活塞环斜着装入对应的气缸。

⑦ 在气缸内张开活塞环。

⑧ 用未装环的活塞将放在缸里的环顶正,并顶到气缸高度方向中间的位置。

⑨ 用塞尺测量活塞环的开口间隙。

⑩ 来回推拉塞尺,塞尺推拉时应自如且又有些微的阻力感,表示所选取的塞尺厚度即第二道活塞环在活塞环槽中的开口间隙。

⑪ 辨认油环刮片的朝上标记,将油环上刮片斜着装入对应的气缸。

⑫ 用未装环的活塞将放在缸里的环顶正,并顶到气缸高度方向中间的位置。

⑬ 用塞尺测量油环上刮片的开口间隙。

⑭ 来回推拉塞尺,塞尺推拉时应自如且又有些微的阻力感,表示所选取的塞尺厚度即油环上刮片环在活塞环槽中的开口间隙。

⑮ 用同样的方法测量油环下刮片的开口间隙。

(3) 填写工单(附后)。

7. 安装活塞环

(1) 徒手将油环衬簧装入活塞油环槽中,并将油环衬簧接头按装配要求对搭好。

(2) 辨认油环刮片的朝上标记,徒手将油环下刮片装入活塞油环槽中。

 活塞环可能会因扩张过度或者扭曲而损坏。

(3) 徒手将油环上刮片装入活塞油环槽中。
(4) 辨认第二道活塞环的安装朝向,使"TOP"朝上。

(5) 将第二道活塞环装在活塞环钳上,装入第二道活塞环槽中。

(6) 辨认第一道活塞环的安装朝向,使"TOP"朝上。

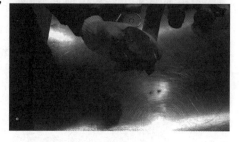

（7）辨认第一道活塞环的朝上标记，将第一道活塞环装在活塞环钳上，装入第一道活塞环槽中。

（8）设置活塞环端隙开口位置。

活塞环开口位置（图中开口位置只是这一车型的标准。具体数据参照现场提供的手册）：

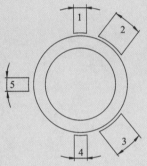

不要将所有的活塞端隙放成一排。如果这样，会通过端隙泄漏更多的压缩气体。

① 油环刮片的衬簧在位置3，油环两刮片的钢环在位置4或5。

② 第二道活塞环（精密环）在位置2。
③ 第一道活塞环（右侧环）在位置1。

(9)填写工单(附后)。

8. 清洁、整理工作现场

(1)使用干净的擦拭布清洁工作台面。

(2)清洁气缸体。

(3)用干净的无尘擦拭纸擦拭干净厚薄规中塞尺的棱边和表面,涂一层防锈油,折叠整齐,将塞尺合上,放入其盒内。

(4)清扫场地。

(5)脱掉手套,清洁手部。

(6)将维修手册合上,归位。

9. 缴交工单

提交填写好的工单。

四、活塞环端隙和侧隙测量的操作工单

序号	操作内容	内容填写或选择
1	检查设备	检查带活塞环的活塞及气缸体。
2	检查量具	检查量具齐全、无损,能否正常使用:□能;□否。
3	查阅维修资料	三种形式的维修资料的使用方法。
4	拆下活塞环	第一道气环的形状为:_____。 第一道气环上是否有朝向标记:有□ 否□。标记为:_____。 第二道气环的形状为:_____。 第二道气环上是否有朝向标记:有□ 否□。标记为:_____。 油环形式:整体式油环□;组合式油环□。
5	清洁、清理	清洁、清理部位:_____。

续表

序号	操作内容	内容填写或选择
6	测量活塞环侧隙和端隙	第一道活塞环侧隙：＿＿＿＿ mm；＿＿＿＿ mm；＿＿＿＿ mm。 第二道活塞环侧隙：＿＿＿＿ mm；＿＿＿＿ mm；＿＿＿＿ mm。 油环侧隙：＿＿＿＿ mm；＿＿＿＿ mm；＿＿＿＿ mm。 第一道活塞环端隙：＿＿＿＿ mm；＿＿＿＿ mm；＿＿＿＿ mm。 第二道活塞环端隙：＿＿＿＿ mm；＿＿＿＿ mm；＿＿＿＿ mm。 上油环端隙：＿＿＿＿ mm；＿＿＿＿ mm；＿＿＿＿ mm。 下油环端隙：＿＿＿＿ mm；＿＿＿＿ mm；＿＿＿＿ mm。 第一道活塞环侧隙平均值：＿＿＿＿ mm。 第二道活塞环侧隙平均值：＿＿＿＿ mm。 油环侧隙平均值：＿＿＿＿ mm。 第一道活塞环端隙平均值：＿＿＿＿ mm。 第二道活塞环端隙平均值：＿＿＿＿ mm。 油环端隙平均值：＿＿＿＿ mm。
7	安装活塞环	画出实际安装的活塞环开口位置： （活塞顶部）
8	清洁、整理工作现场	清洁工具并归位。

五、活塞环端隙和侧隙测量的评价要素

表格中列举了评价项目和评价要素，具体配分由教师负责安排。

序号	评价项目	评价要素	配分	得分
1	检查设备	是否检查带活塞环的活塞和气缸体		
2	检查量具、工具	是否检查量具、工具		
		选用是否合适		
		使用是否合理		
		是否造成损坏		
3	查阅维修资料	是否查阅维修手册		
		是否按照正确的步骤和顺序查阅维修手册		
4	拆下活塞环	拆下活塞环前，是否辨认气环的形状、朝向标记		
		拆下活塞环时，活塞环是否扩张过度或者扭曲损坏		
		是否徒手拆下活塞环		

续表

序号	评价项目	评价要素	配分	得分
4	拆下活塞环	是否使用活塞环钳拆卸气环		
		能否熟练使用活塞环钳拆卸气环		
		拆卸油环时,是否造成扭曲或折断		
5	清洁、清理	是否进行清理、清洁		
		是否清除干净气缸中的所有锈蚀或异物		
6	测量活塞环侧隙和端隙	测量活塞环侧隙时,是否将活塞保持水平		
		是否将第一道活塞环平推入第一道活塞环槽中		
		测量前,是否用清洁布擦净厚薄规棱边和表面		
		能否选取恰当厚度的塞尺塞入活塞环在活塞环槽中留下的间隙		
		测量时,手是否随意接触厚薄规的塞尺		
		测量时,握持厚薄规位置是否正确		
		使用厚薄规时,是否发生碰撞现象		
		来回推拉塞尺是否平直地进行		
		推拉塞尺时,对塞尺自如且又有些微的阻力感感觉是否准确		
		测量活塞环端隙时,是否将第一道活塞环斜着装入对应的气缸,是否造成损坏		
		是否用未装环的活塞将放在缸里的环顶正		
		用未装环的活塞将放在缸里的环顶正时,是否顶到气缸高度方向中间的位置		
		每个间隙是否测量三次,所取的平均值是否准确		
7	安装活塞环	安装活塞环前,是否辨认气环的形状、朝向标记		
		能否徒手将油环刮片装入活塞油环槽中		
		将油环刮片装入活塞油环槽时,有否扩张过度或者扭曲而损坏		
		安装气环时,是否辨认活塞环的安装朝向		
		能将活塞环装在活塞环钳上,并装入活塞环槽中		
		安装活塞环时,有否扩张过度或者扭曲而损坏		
		安装活塞环后,是否设置活塞环间隙位置		
		是否调整活塞环的开口位置		
		调整活塞环的开口位置是否正确		

续表

序号	评价项目	评价要素	配分	得分
8	5S	操作过程中、完成后是否及时清洁、清扫、整理、整顿工具、设备和工作场地		
9	零部件状况	是否损伤		
		是否损坏		
10	安全文明	是否严格按照规程进行作业		
		人员有无受伤		
		有无工具、仪器、仪表、设备损坏		
		是否严重违反操作原则,野蛮操作		
11	工单	是否准确、正确填写		
		填写是否完整		

8 气缸盖下平面平面度的检测

一、测试项目：气缸盖下平面平面度的检测

1. 测试内容

（1）按照维修手册中的方法、步骤及技术要求，对指定的气缸盖下平面进行平面度检测；
（2）根据测量过程和结果，结合维修手册中的技术标准作出判断，并填写工单。

2. 测试要求

（1）正确阅读、理解维修手册中提示使用的量具及测量方法和步骤；
（2）合理选择和规范使用量具；
（3）作业项目完整，作业流程符合维修手册要求，操作规范；
（4）测量过程中，量具的选取方法和使用顺序正确，读数结果准确；
（5）工单填写正确、完整；
（6）操作过程安全、文明。

3. 测试形式

（1）考生在抽取试题后，给予 1 min 考前认识试题内容的时间；
（2）在考试要求的时间内，考生按试题要求，在指定的工位上使用考点提供的工具、量具、设备、器材，完成检测气缸盖下平面平面度的实践操作；
（3）填写工单。

4. 测试前准备

（1）不小于 10 m^2 面积的工位，配工作台 1 张；
（2）发动机气缸盖 1 台；
（3）配套的发动机机械维修手册 1 本；
（4）500 mm 刀口形直尺 1 把，厚薄规 1 把，铲刀 1 把。

5. 测试时间

15 min。

> **警示** 下列课程中的视频、完整的操作步骤和操作方法,是完成这一项目的一般指引,不仅适用于本课程所应用的车型,也适用于其他车型。但其中的各种参数是就这种车型而言的,其他车型的参数,请参照其维修手册。
>
> 在一些考核场合,清洁、清理的程序可以简化。

二、气缸盖下平面平面度检测的相关操作视频

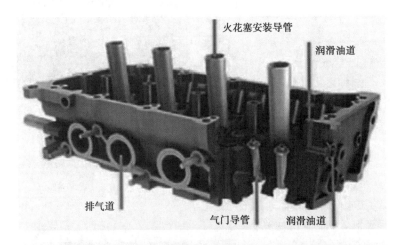

三、气缸盖下平面平面度检测的操作步骤及要求

1. 检查设备

检查气缸盖,包括观察气缸盖的长度,观察气缸盖下平面是否有异物、污垢与灰尘。

  观察气缸盖的长度,用于预判所要使用的刀口形直尺的长度。

  用刀口形直尺检验时,被检验表面不能太粗糙,如果被检验表面太粗糙,不仅会磨损刀口形直尺的测量面,而且不容易准确判定光隙的大小,因为表面太粗糙,光在隙缝中产生散射,难以准确判定光的色彩。

2. 检查量具

(1) 检查刀口形直尺。

检查刀口形直尺的丈量面,不得有划痕、碰伤、锈蚀、缺口等流弊,外观应清洁光洁。

  (1) 刀口形直尺主要用光隙法进行直线度测量和平面度测量,也可与量块一起用于检验平面精度。

(2) 选用刀口形直尺时,要使其长度大于或等于被检验截面的长度。

(2) 检查厚薄规。

检查厚薄规塞尺的标注尺寸是否清晰;检查塞尺有无缺失;检查厚薄规表面有无弯折,不能有油污、锈蚀或其他杂质。

（1）根据结合面的间隙情况选用塞尺片数,如果所测间隙大于最大厚度的塞尺,可以用两片或两片以上的塞尺重叠进行测量,但片数愈少愈好。

（2）测量时不能用力太大,以免塞尺遭受弯曲和折断;不能测量温度较高的工件。

（3）使用塞尺时不能戴手套并保持手的干净、干燥。

（4）观察塞尺有无弯折、生锈,以免影响测量的准确度。

（5）擦拭塞尺上的灰尘和油污,以免影响测量的准确度。

（6）测量时不能强行把塞尺塞入测量间隙,以免塞尺弯曲或折断。

3. 查阅维修资料

操作现场可能有如下三种形式的维修资料。

（1）完整版的发动机机械维修手册。

（2）简易的与本操作相关的部分维修资料。

如果是完整版的发动机机械维修手册,需翻到手册中的目录,逐级找到本操作部分所在的页码。

快速熟悉手册中本操作部分的步骤和规定扭力。手册翻开后不要合上,以备操作过程中随时查阅。

车辆维修手册中规范的参数和扭力在每个系统维修手册的第一页;在分步骤的操作中也有。

（3）安装于电脑中的维修手册电子文档。

打开电脑中的维修手册,找到手册中的目录,逐级找到本操作部分所在的页码。

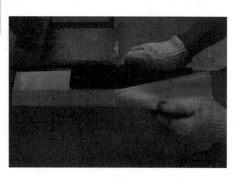

4. 清洁、清理

（1）清洁量具。

① 测量前,先用无尘擦拭纸擦净刀口形直尺工作棱边和表面外观。

使用时,手应握持护板,防备温度影响或发生锈蚀。检测小规格的零件时,用一只手抓住刀口形直尺即可;检测大规格的零件时,要用两手握住刀口形直尺两头。

　　使用时不得碰撞,应确保棱边的完整性,否则影响丈量精度。使用时使刀口形直尺的工作棱边慢慢和被测面接触,凭刀口形直尺的自重使其工作棱边和被测面严密接触,不应施加压力于刀口形直尺。

② 用无尘擦拭纸清除厚薄规的污垢与灰尘,以免影响测量的准确度。

(2) 清洁气缸盖。

用清洗剂清洁气缸盖上的污垢与灰尘。

　　待检测平面应彻底清除水垢、积炭,清除毛刺并铲平,刮平螺孔周围的凸起部分。

5. 测量气缸盖平面度

　　选择测量部位:在气缸盖横向、纵向、对角线方向各选两个部位进行测量。

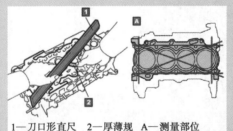

1—刀口形直尺　2—厚薄规　A—测量部位

　　选择的被测面应该避开水道孔、安装孔、油道孔等。

　　如果气缸盖间隙超出规范允许的尺寸规格,则修整或更换气缸盖。

(1) 检测气缸盖(长边)纵向的平面度。

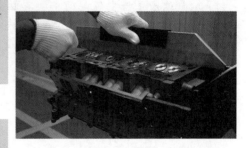

　　使用厚薄规时不能戴手套,保持手的干净、干燥。

　　测量时不能用力太大,不能强行把厚薄规塞入测量间隙,以免厚薄规遭受弯曲和折断,更不能测量温度较高的工件。

8 气缸盖下平面平面度的检测

① 手握持刀口形直尺护板,轻轻放到一个被测面上,凭刀口形直尺的自重使其工作棱边和被测面严密接触,手只要轻扶着刀口形直尺,保持竖直并与气缸盖垂直方向。

使用刀口形直尺时不得碰撞,应确保棱边的完整性,否则影响测量精度。

② 假如不平,就有缝,能透光,这时用厚薄规去塞这条缝。

选择最大的缝先测量。如果缝隙都差不多大,应测量每一条缝隙。
一般测量5个点位。

③ 先选择符合间隙规定的厚薄规插入被测间隙中。
④ 根据结合面的间隙情况选用厚薄规片数,但片数越小越好。

当测量间隙较大的尺寸范围时,单片塞尺已无法满足测量要求,可以使用数片叠加在一起插入间隙中。

⑤ 检测时,以塞尺稍感拖滞为宜。
⑥ 用厚薄规测出刀口形直尺工作棱边与被测面的间隙值,在所有测量方向和位置取其最大间隙即为该工件的直线度或平面度误差。

⑦ 测量另一个截面,应该把刀口形直尺提起后轻轻放到另一个被测截面上,而不应该把刀口形直尺从被检验平面上拖着走。

这样会加速刀口形直尺测量面的磨损。

（2）以同样的方法检测气缸盖（短边）两个横向的平面度。

（3）以同样的方法检测气缸盖两个对角线方向的平面度。

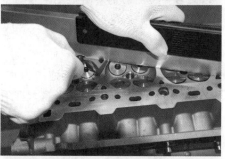

（4）填写工单（附后）。

6. 清洁、整理工作现场

（1）清洁手部。

(2) 刀口形直尺用完后,用干净的无尘擦拭纸擦拭刀口形直尺的各部位,涂一层防锈油,放入其盒内保存。

(3) 厚薄规使用后,用干净的无尘擦拭纸清除塞尺的污垢与灰尘,涂一层防锈油防止锈蚀,以免影响测量的准确度和使用寿命。

(4) 清洁气缸盖。

(5) 将维修手册合上,归位。

7. 缴交工单

提交填写好的工单。

四、气缸盖下平面平面度检测的操作工单

序号	操作内容	内容填写或选择
1	检查设备	气缸盖下表面是否有异物、污垢与灰尘:是□;否□。 刀口形直尺是否有缺陷:有□;否□。如果有,存在:_____。 厚薄规是否有缺陷:有□;否□。如果有,存在:_____。
2	检查量具	检查刀口形直尺、厚薄规无损,能否正常使用:□能;□否。
3	查阅维修资料	三种形式的维修资料的使用方法。
4	清洁、清理	清洁、清理部位:_____。

续表

序号	操作内容	内容填写或选择
5	测量气缸盖平面度	1、画出测量气缸盖平面度的位置： 2、填写检查数值： 气缸盖（长边）纵向1的平面度：_____ mm，_____ mm，_____ mm，_____ mm，_____ mm。最大：_____ mm。 气缸盖（长边）纵向2的平面度：_____ mm，_____ mm，_____ mm，_____ mm。最大：_____ mm。 气缸盖（短边）横向1的平面度：_____ mm，_____ mm，_____ mm。最大：_____ mm。 气缸盖（短边）横向2的平面度：_____ mm，_____ mm，_____ mm。最大：_____ mm。 气缸盖对角线方向1的平面度：_____ mm，_____ mm，_____ mm。最大：_____ mm。 气缸盖对角线方向2的平面度：_____ mm，_____ mm，_____ mm。最大：_____ mm。 气缸盖最大平面度误差：_____ mm。
6	清洁、整理工作现场	清洁工具并归位。

五、气缸盖下平面平面度检测的评价要素

表格中列举了评价项目和评价要素，具体配分由教师负责安排。

序号	评价项目	评价要素	配分	得分
1	检查设备	检查气缸盖下表面是否有异物、污垢与灰尘		
		是否检查刀口形直尺测量面		
2	检查量具	是否检查厚薄规有无弯折、生锈		
		选用是否合适		
		使用是否合理		
		是否造成损坏		
3	查阅维修资料	是否查阅维修手册		
		是否按照正确的步骤和顺序查阅维修手册		

续表

序号	评价项目	评 价 要 素	配分	得分
4	清洁、清理	是否使用无尘擦拭纸擦净刀口形直尺工作棱边和表面外观		
		使用前是否先清除厚薄规的污垢与灰尘		
		是否清洁气缸盖上的污垢与灰尘		
		是否彻底清除气缸盖上的水垢、积炭；是否清除干净毛刺并铲平；是否刮平螺孔周围的凸起部分		
5	测量气缸盖平面度	选择测量的部位是否正确		
		使用厚薄规时是否戴手套		
		使用厚薄规时，是否保持手的干净、干燥		
		手是否握刀口形直尺持护板		
		是否轻轻地将刀口形直尺放到被测面上		
		测量时，是否凭刀口形直尺的自重使其工作棱边和被测面严密接触		
		使用厚薄规时，是否用力太大		
		使用厚薄规时，是否强行把厚薄规塞入测量间隙		
		使用厚薄规时，是否造成厚薄规弯曲和折断		
		使用刀口形直尺时，是否发生碰撞		
		测量时，是否先选择符合间隙规定的塞尺插入被测间隙中		
		测量时，是否根据结合面的间隙情况选用厚薄规片数		
		检测时，是否以厚薄规稍感拖滞为宜，是否有选择厚薄规不恰当的现象		
		能否准确测量出气缸盖的直线度或平面度误差		
6	清洁、整理工作现场	是否在清洁手部后，再清理、清洁刀口形直尺、厚薄规		
		刀口形直尺用完后，是否用干净的无尘擦拭纸擦拭刀口形直尺的各部位，是否在刀口形直尺上涂一层防锈油，是否保存良好		
		厚薄规使用后，是否用干净的无尘擦拭纸清除塞尺的污垢与灰尘，是否涂一层防锈油防止锈蚀		
		是否清洁干净气缸盖		
		是否将量具放置归位		
7	5S	操作过程中、完成后是否及时清洁、清扫、整理、整顿工具、设备和工作场地		
8	零部件状况	是否损伤		
		是否损坏		

续表

序号	评价项目	评价要素	配分	得分
9	安全文明	是否严格按照规程进行作业		
		人员有无受伤		
		有无工具、仪器、仪表、设备损坏		
		是否严重违反操作原则,野蛮操作		
10	工单	是否准确、正确填写		
		填写是否完整		

9 曲轴弯曲度的检测

一、测试项目：曲轴弯曲度的检测

1. 测试内容

(1) 按照维修手册中的方法、步骤及技术要求，对指定的曲轴进行弯曲度检测；
(2) 根据测量过程和结果，结合维修手册中的技术标准作出判断，并填写工单。

2. 测试要求

(1) 正确阅读、理解维修手册中提示使用的量具及测量方法和步骤；
(2) 合理选择和规范使用量具；
(3) 作业项目完整，作业流程符合维修手册要求，操作规范；
(4) 测量过程中，读取量具中读数的方法正确、读数结果准确；
(5) 工单填写正确、完整；
(6) 操作过程安全、文明。

3. 测试形式

(1) 考生在抽取试题后，给予 1 min 考前认识试题内容的时间；
(2) 在考试要求的时间内，考生按试题要求，在指定的工位上使用考点提供的工具、量具、设备、器材，完成检测曲轴弯曲度的实践操作；
(3) 填写工单。

4. 测试前准备

(1) 不小于 10 m^2 面积的工位，配工作台 1 张；
(2) 发动机曲轴 1 根；
(3) 配套的发动机机械维修手册 1 本；带磁性座的百分表 1 套（百分表测量杆长 45 mm），平板 1 块，V 形铁 1 对。

5. 测试时间

15 min。

> ⚠ 警示　下列课程中的视频、完整的操作步骤和操作方法,是完成这一项目的一般指引,不仅适用于本课程所应用的车型,也适用于其他车型。但其中的各种参数是就这种车型而言的,其他车型的参数,请参照其维修手册。在一些考核场合,检查准备和清洁清理的程序可以简化。

二、曲轴弯曲度检测的相关操作视频

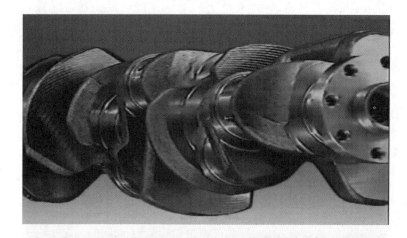

三、曲轴弯曲度检测的操作步骤及要求

1. 检查设备

检查曲轴轴颈是否光滑,检查曲轴是否有磕碰痕迹、划伤、磨损、凹槽、点蚀、嵌入异物等现象。

2. 检查量具

(1) 检查V形铁。

检查V形铁的V形槽支撑部分是否有磨损,是不是一副V形铁中的两块。

 如果V形槽支撑部分有磨损,得到的测定值是不准确的。

V形铁都是一副两块,两块的平面与V形槽都是在一次加工中磨出的。

使用时,谨防磕碰,防止表面损坏。

(2) 检查平板。

① 平板表面应平整,无坑洼、刮痕现象。

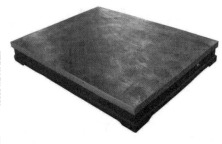

② 检查平板放置是否水平。

 平板是一块黄铜或铸铁做成的,它主要与测量仪表一起使用。

有的平板侧面带有水平仪。使用平板时,谨防磕碰,保护好表面。

(3) 检查磁性座。

① 清洁磁性座,将磁性座的带V形的底面置于平板上。

② 通过旋转磁体开关来接通磁路，促使磁性表座与吸附面牢牢地吸住。

③ 逆时针旋转磁体开关，使其到达限位处，将磁性表座从吸附面上取下。

(4) 检查百分表。

① 检查百分表测量杆活动的灵活性。轻轻推动测量杆时，测量杆在套筒内的移动要灵活，没有任何轧卡现象，且每次放松后，指针能回复到原来的刻度位置。

② 轻轻、慢慢地推动测量杆，观察长表针转一圈时，小表盘中的短针是否摆动一格。

 一般百分表大表盘中的一格为 0.01 mm，一圈 100 格；小表盘中的一格为 1.00 mm；即大表盘中的长针转一圈，小表盘中的短针摆过一格。

③ 转动百分表大表盘边缘的齿圈带动表盘转动，检查转动是否灵活，并将其转到长指针对准"0"位。

9 曲轴弯曲度的检测　　159

④ 将百分表测量杆底端的测量头旋紧。

　如果测量杆底端的测量头没有旋紧，测量时，指针会抖动，从而影响测量精度。

⑤ 检查百分表测量杆头是否有磨损。

　如果百分表的测量杆头有磨损，得到的测定值是不准确的。

⑥ 将百分表顶部的测量杆圆头挡帽拧紧。

　如果测量杆顶上的挡帽没有旋紧，会影响测量精度。如果松脱会造成测量杆从底端脱出，从而造成百分表损坏。

⑦ 轻轻地拉动手提测量杆的圆头，拉起和放松几次，检查指针所指的零位有无改变。

　如果拉起和放松几次，指针不能回到零位，则说明百分表内部存在磨损、松动或测量杆卡滞的问题，不能使用。

3. 查阅维修资料

　操作现场可能有如下三种形式的维修资料。

（1）完整版的发动机机械维修手册。
（2）简易的与本操作相关的部分维修资料。

如果是完整版的发动机机械维修手册,需翻阅手册中的目录,逐级找到本操作部分所在的页码。

快速熟悉手册中本操作部分的步骤和规定扭力。手册翻开后不要合上,以备操作过程中随时查阅。

美系车辆维修手册中规范的参数和扭力在每个系统维修手册的第一页;在分步骤的操作中也有。

（3）安装于电脑中的维修手册电子文档。

打开电脑中的维修手册,找到手册中的目录,逐级找到本操作部分所在的页码。

4. 清洁、清理

（1）使用清洁布清洁平板表面的灰尘和油污。

（2）清洁磁性座的六个面。

（3）清洁两块V形铁各面。预判曲轴第一道、最后一道主轴径的长度,根据这一长度将两块V形铁平行地放在平板上。

（4）清洁整根曲轴,特别需要将曲轴第一道、中间道、最后一道的主轴颈清理干净。

5. 组装磁性座百分表

提示

磁性座杆式夹持架由主杆、副杆、2~3 副万向关节总成组成。主杆与磁性座的连接方式有以下两种。

一种连接方式是主杆的一端制有外螺纹，配合的磁性座上有螺纹孔，直接拧入。

另一种连接方式是磁性座的主杆固定孔在侧面，开有内螺纹孔，一段两端带有外螺纹的长约 30 mm 的短杆先拧入磁性座侧面的固定孔中，再通过一副万向关节总成与主杆连接。

以上两种夹持架的副杆通过一副万向关节总成与主杆连接，副杆的另一端带有一段与副杆垂直的外螺纹杆，用于固定百分表的百分表固定径箍。

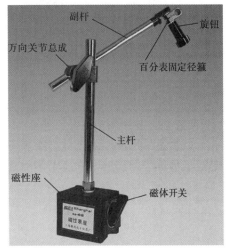

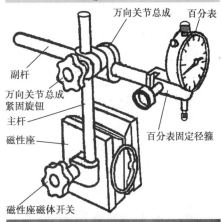

（1）将磁性座的带 V 形的底面置于平板上。

（2）通过旋转磁体开关来接通磁路，使磁性座与吸附面牢牢地吸住。

（3）将主杆连接到磁性座上。

（4）将副杆通过万向关节总成连接到主杆，稍微用力旋紧万向关节总成旋钮以进行固定。

（5）将百分表测量杆套筒安装到固定径箍中，固定径箍尽量装到接近百分表壳体的测量杆套筒位置。

（6）将带有百分表的固定径箍安装到副杆的与副杆垂直的外螺纹杆上，稍微用力旋紧百分表固定径箍的旋钮以进行固定。

 用夹持百分表的固定径箍来固定百分表时，夹紧力不要过大，以免因套筒变形而使测量杆活动不灵活。

6. 检测曲轴弯曲度

（1）将曲轴两端主轴颈轻轻放置于检测平板上的两块相同尺寸的 V 形铁上。保持两块 V 形铁平行。检查曲轴两端主轴颈支撑在两块 V 形铁上是否接触良好，曲轴两端是否保持等高。

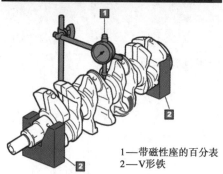

1—带磁性座的百分表
2—V形铁

 如果 V 形槽支撑部分有磨损时，得到的测定值是不准确的。

9　曲轴弯曲度的检测　　163

（2）一手扶住百分表，另一手逆时针旋转磁体开关，使其到达限位处，将带百分表的磁性座从吸附面上取下。

（3）将带百分表的磁性座吸附在靠近曲轴中间主轴颈正前方向的，但又不影响曲轴转动的平板上。

 单数主轴颈的曲轴为中间一道，双数主轴颈的曲轴为中间两道。

（4）一只手扶住百分表，另一只手旋松万向关节总成旋钮，将百分表调整到主轴颈中间一道的正上方。

（5）一只手扶住百分表，另一只手旋松百分表固定径箍的旋钮，将百分表测量头调整到中间曲轴主轴颈最高处，并使其垂直抵靠在中间曲轴主轴颈上。

 安装时应该避开曲轴上的油孔，以免测量值不准确。

（6）调整测量杆使百分表有 1 mm 左右的预压量，并转动百分表大表盘边缘的齿圈带动表盘转动，将其转到长指针对准零位。

（7）缓慢转动曲轴一周。如果曲轴有微小的弯曲，即可看见百分表长指针转动，百分表就会将它放大在刻度盘上显示出来。

 中间主轴颈的径向圆跳动误差值的一半即是曲轴的弯曲度。

曲轴弯曲变形超过极限位时，应校正或更换曲轴。

（8）每次读完数后要作一次复核，测量三次。

（9）填写工单（附后）。

7. 清洁、整理工作现场

（1）将带百分表的磁性座撤离，分解。

（2）将曲轴从V形铁上端开，清洁V形铁。

（3）清洁曲轴。

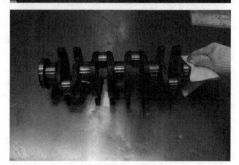

(4)清洁平板和台面。

(5)清洁手部。
(6)在V形铁六面涂上防锈油,以防生锈。

(7)在平板表面涂上防锈油,以防生锈,并覆盖以干净的油蜡纸。

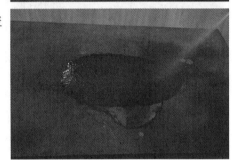

(8)将维修手册合上,归位。

8. 缴交工单

提交填写好的工单。

四、曲轴弯曲度检测的操作工单

序号	操 作 内 容	内容填写或选择
1	检查设备	曲轴轴径是否光滑:是□;否□。
		曲轴有无磕碰痕迹、划伤、磨损、凹槽、点蚀、嵌入异物等现象:有□;无□。如果有,存在:_____。
2	检查量具	V形铁V形槽支撑部分有无磨耗:有□;无□。如果有,存在:_____。
		V形铁是否为一副中的两块:是□;否□。

续表

序号	操作内容	内容填写或选择
2	检查量具	平板表面是否平整：是□；否□。有无坑洼、刮痕现象：有□；无□。 磁性座是否正常：是□；否□。 检查百分表 (1) 测量杆活动是否灵活：是□；否□。 (2) 推动测量杆一圈，长表针转一圈时，小表盘中的短针是否摆动一格：是□；否□。 (3) 百分表大表盘边缘的齿圈带动表盘转动是否灵活：是□；否□。 (4) 百分表测量杆底端的测量头是否旋紧：是□；否□。 (5) 百分表测量杆头是否有磨损：是□；否□。 (6) 百分表的顶上测量杆的圆头挡帽是否拧紧：是□；否□。 (7) 拉起和放松测量杆的圆头几次，指针所指的"0"位有无改变：有□；无□。
3	查阅维修资料	三种形式的维修资料的使用方法。
4	清洁、清理	清洁、清理部位：＿＿＿＿＿＿＿＿＿＿＿＿＿＿＿＿＿＿＿＿＿＿。
5	组装磁性座百分表	用箭头画出将百分表测量杆套筒安装到固定径箍中时的合理位置：
6	检测曲轴弯曲度	用箭头画出支撑在V形铁上曲轴的位置： 用箭头画出使用百分表测量曲轴弯曲度时，测量头所抵触的位置： 检测曲轴弯曲度＿＿＿＿＿mm；＿＿＿＿＿mm；＿＿＿＿＿mm。 曲轴弯曲度＿＿＿＿＿＿＿＿＿＿mm。
7	清洁、整理工作现场	清洁工具、量具并归位。

五、曲轴弯曲度检测的评价要素

表格中列举了评价项目和评价要素,具体配分由教师负责安排。

序号	评价项目	评价要素	配分	得分
1	检查设备	是否对曲轴进行检查		
		能否发现曲轴存在的轴颈不光滑、磕碰痕迹、划伤、磨损、凹槽、点蚀、嵌入异物等现象		
2	检查量具	是否对V形铁进行检查、清洁		
		是否对平板进行检查、清洁		
		是否对磁性座进行检查、清洁		
		是否对百分表进行清洁		
		对百分表进行检查时,是否对测量杆活动的灵活性、测量头的磨损、表盘表针的转动进行检查		
		对百分表的测量杆活动的灵活性、测量头的磨损、表盘表针的转动进行检查时,是否按照规范动作和步骤进行检查		
3	查阅维修资料	是否查阅维修手册		
		是否按照正确的步骤和顺序查阅维修手册		
4	清洁、清理	是否清洁干净平板表面的灰尘和油污		
		是否清洁干净磁性座的六个面		
		是否清洁干净两块V形铁		
		是否使用清洁布清洁整根曲轴,曲轴第一道、中间道、最后道的主轴颈是否清理干净		
5	组装磁性座百分表	能否按照规定的方法和步骤组装磁性座杆式夹持架、百分表		
		将百分表测量杆套筒安装到杆式夹持架固定径箍中的位置是否恰当		
		旋紧百分表固定径箍是否过度		
		组装磁性座、杆式夹持架、百分表过程,是否造成损坏		
6	检测曲轴弯曲度	能否正确地将曲轴两端主轴颈分别放置于检测平板上的两块相同尺寸的V形铁上		
		将曲轴两端主轴颈分别放置于检测平板上的两块相同尺寸的V形铁上时,曲轴两端是否保持等高		
		是否将磁性座吸附在靠近曲轴中间主轴颈正前处		
		将磁性座吸附在靠近中间曲轴主轴颈的平板上时,是否影响曲轴转动		

续表

序号	评价项目	评价要素	配分	得分
6	检测曲轴弯曲度	是否将百分表调整到主轴颈中间一道正上方		
		百分表测量头是否垂直抵靠在中间曲轴主轴颈上		
		调整百分表测量杆是否有1 mm左右的预压量		
		调整百分表测量杆有1 mm左右的预压量后,是否将百分表转到长指针对准"0"位		
		测量时,是否缓慢地转动曲轴		
		测量曲轴弯曲度时,能否准确读取百分表中数值		
		测量曲轴弯曲度时,是否进行三次测量		
7	5S	操作过程中、完成后,是否及时清洁、清扫、整理、整顿工具、设备和工作场地		
8	量具使用	选用是否合适		
		使用是否合理		
		是否造成损坏		
9	安全文明	是否严格按照规程进行作业		
		人员有无受伤		
		有无工具、仪器、仪表、设备损坏		
		是否严重违反操作原则,野蛮操作		
10	工单	填写是否完整		
		是否准确、正确		

10

盘式制动器的制动盘及制动片厚度检测

一、测试项目：盘式制动器的制动盘及制动片厚度检测

1. 测试内容

(1) 按照维修手册要求,对指定的盘式制动器进行拆卸;
(2) 使用千分尺,测量制动盘、制动片厚度,并与维修手册中的标准对照,判断其是否正常;
(3) 按照维修手册技术要求,安装所拆的盘式制动器;
(4) 根据操作结果,填写工单。

2. 测试要求

(1) 合理选择和规范使用工具、量具;
(2) 作业项目齐全,作业流程符合维修手册要求,操作规范;
(3) 量具的使用、读数方法、读数结果正确;
(4) 工单填写正确、完整;
(5) 操作过程安全文明。

3. 测试形式

(1) 考生在抽取试题后,给予 1 min 考前认识试题内容的时间;
(2) 在考试要求的时间内,考生按试题要求,在指定的工位上使用考点提供的工具、量具、设备、器材,完成检测盘式制动器的制动盘、制动片厚度测量的实践操作;
(3) 填写工单。

4. 测试前准备

(1) 每个工位面积不小于 30 m^2,轿车一部;
(2) 举升机 1 部(车辆停放之上);

（3）配套车型的底盘维修手册1本；

（4）常用拆装工具1套，0~25 mm外径千分尺1把，可测深度的游标卡尺或钢板直尺1把，长约300 mm的S形挂钩1个，预置式扭力扳手1把。

5. 测试时间

15 min。

> ⚠ 警示　下列课程中的视频、完整的操作步骤和操作方法，是完成这一项目的一般指引，不仅适用于本课程所应用的车型，也适用于其他车型。但其中的各种参数是就这种车型而言的，其他车型的参数，请参照其维修手册。在一些考核场合，车辆可能是处于举升状态；在一些考核场合，润滑及清洁清理的程序可以简化。

二、盘式制动器的制动盘及制动片厚度检测的相关操作视频

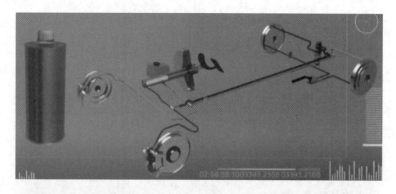

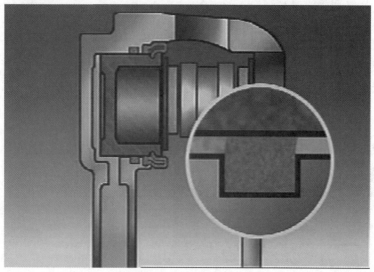

三、盘式制动器的制动盘及制动片厚度检测的操作步骤及要求

1. 检查设备

（1）检查车辆在举升机中的停放位置。

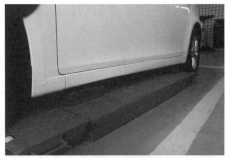

 车辆在工位上可能是停放在举升机中，未举升；也可能是已被举升到一定高度。

车辆停放在举升机中的中间位置，两边留出的宽度基本相同，车身的B柱约处于举升机纵向中间位置。

（2）检查车辆在举升机上的举升高度。

 观察举升的高度是否适合拆装车轮。

（3）检查驾驶室内变速器档位的位置是否处于空挡；手制动器是否已松开。

 变速器档位的位置应处于空挡；手制动器应松开。

2. 检查工、量具

（1）检查套装工具是否有缺少、损坏。

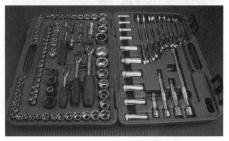

（2）检查外径千分尺量程与所测量工件的尺寸是否适宜。观察外观有无影响测量的缺陷。

（3）转动外径千分尺的微分筒，检查其是否转动灵活及接长杆中的芯杆活动情况，锁紧装置是否止动可靠。

（4）擦净游标卡尺量爪。检查各部件的相互作用，拉动尺框沿尺身移动，检查其移动是否灵活，有无阻滞或卡死现象，紧固螺钉能否起作用。

（5）检查钢板直尺的零刻度端是否完整，刻度是否清晰。

（6）两手指头拉住 S 形挂钩两头，用约 10 kg 力往两端拉，此时 S 形挂钩应无变形，否则无法挂住制动钳总成。

（7）旋转预置式扭力扳手的锁紧手柄，转动调整轮检查是否可以转动。

3. 查阅维修资料

 操作现场可能有如下三种形式的维修资料。

（1）完整版的发动机机械维修手册。

（2）简易的与本操作相关的部分维修资料。

如果是完整版的发动机机械维修手册，需翻阅手册中的目录，逐级找到本操作部分的页码。

快速熟悉手册中本操作部分的步骤和规定扭力。手册翻开后不要合上，以备操作过程中随时查阅。

美系车辆维修手册中规范的参数和扭力在每个系统维修手册的第一页；在分步骤的操作中也有。

（3）安装于电脑中的维修手册电子文档。

打开电脑中的维修手册，找到手册中的目录，逐级找到本操作部分所在的页码。

10 盘式制动器的制动盘及制动片厚度检测

4. 拆下车轮、制动片

（1）标记车轮相对于轮毂的位置，拧松车轮螺栓。

 按下图顺序均匀地拧松螺母。

（2）举升车辆到易于站立操作的高度，约 1.3 m。

（3）拆下车轮。

 按下图顺序均匀地交替拧松、拧下螺母。拆卸下的轮胎螺栓整齐排放于工具车上。

（4）将车轮置于轮胎架上。

（5）拆下制动片。

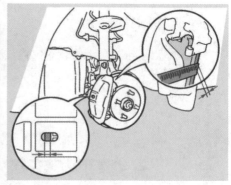

 车型不同，其原装盘式制动器摩擦片厚度也不同，但一般在 16～22 mm，其极限值一般在 1～3 mm，新摩擦片厚度数值和极限值的差值较为明显。
　　如果只要求测量制动片和制动盘厚度，对于制动卡钳内有检查孔且直尺又可以直接测量到的制动器摩擦片，不进行拆卸就可以测量厚度。

① 用开口扳手钳住制动钳上导销的外六角，用梅花扳手拧松制动钳导销上螺栓。

② 用开口扳手钳住制动钳下导销的外六角，用梅花扳手拆下制动钳导销下螺栓。

③ 不断开液压制动器挠性制动液软管，向上翻转制动钳，用 S 形挂钩一端钩住制动钳的螺栓孔，挂钩另一端钩在减振弹簧上。

④ 将两片制动片拆下。

⑤ 将拆下的制动片置于工具车上。

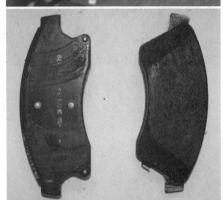

5. 清洁、清理

（1）清洁游标卡尺。用干净的擦拭纸清洁整把游标卡尺，把游标卡尺的量爪和尺框、尺身擦净。

（2）清洁外径千分尺。用干净的擦拭纸清洁整把外径千分尺，擦拭干净外径千分尺的两个测砧面。

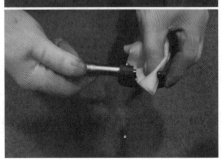

(3) 先用软刷清除制动片上的粉尘,再用清洗剂清洁制动片。

(4) 将制动片固定弹簧从制动钳托架上拆下,用清洗剂清洁。

(5) 先用清洁布清除制动盘、制动钳、制动钳支架上的粉尘,再用清洗剂清洁制动盘、制动钳、制动钳支架。

(6) 用压缩空气吹净制动盘、制动钳、制动钳支架、制动片固定弹簧、制动片。

6. 测量

(1) 检查、校准游标卡尺。

① 检查各部件的相互作用,再次拉动尺框沿尺身移动,检查其移动是否灵活、有无阻滞或卡死现象、紧固螺钉能否起作用。

② 校对零位,使卡尺两量爪紧密贴合,主尺零线与游标尺零线应对齐。

 数显卡尺应显示零,带表卡尺应显示指针处于零位。

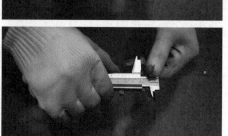

(2) 检查、校准外径千分尺。

① 擦拭干净外径千分尺的两个测砧面,转动测微螺杆使它们贴合在一起。将外径千分尺固定在千分表座上。

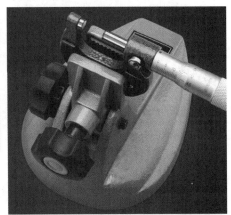

 对 0～25 mm 的外径千分尺而言,转动测微螺杆使两个测砧面贴合在一起。

② 检查微分筒圆周上的"0"刻线,是否对准固定套筒的中线,微分筒的端面是否正好使固定套筒上的"0"刻线露出来。如果两者位置都是正确的,就认为外径千分尺的零位是对的;否则,就要进行校正,使之对准零位。

 如果零位是由于微分筒的轴向位置不对,如微分筒的端部盖住固定套筒上的"0"刻线,或"0"刻线露出太多,每格里的半刻线搞错,必须进行校正。

③ 用制动器把测微螺杆锁住,再用外径千分尺的专用扳手,插入测力装置轮轴的小孔内,把测力装置松开(逆时针旋转),微分筒就能进行调整,即轴向移动一点。使固定套筒上的"0"线正好露出来,同时使微分筒的零线对准固定套筒的中线,然后把测力装置旋紧。

 如果微分筒的零线没有对准固定套筒的中线,也必须进行校正。

④ 用外径千分尺的专用扳手，插入固定套筒的小孔内，把固定套筒转过一点，使之对准零线。

 但当微分筒的零线相差较大时，不应当采用此法调整，而应该采用松开测力装置转动微分筒的方法来校正。

(3) 测量制动片厚度。

 在测量制动片厚度时，有的要测量制动摩擦片和背板的总厚度，有的只测量制动摩擦片的厚度。

用游标三用卡尺测量深度时，卡尺的深度尺应垂直，不要前后左右倾斜，卡尺端面应与被测零件的顶面贴合，测深尺应与被测底面接触。

① 使用游标卡尺在多个点处测量剩余的制动片厚度。

② 将制动片厚度与维修手册中的盘式制动器组件规格进行比较。

 查阅维修手册，将制动片厚度与盘式制动器组件规格进行比较。如果低于标准，更换。

10 盘式制动器的制动盘及制动片厚度检测

(4) 测量制动盘厚度。

使用外径千分尺测量并记录制动盘圆周上均匀分布的 4 个或更多个点的最小厚度,确保仅在摩擦面内进行测量,且每次测量时外径千分尺与制动盘外缘的距离相等,约 13 mm。

 外径千分尺在测量前必须进行校零。

确保仅在摩擦面内进行测量,且每次测量时外径千分尺与制动盘外缘的距离相等,约 10~13 mm。

每个位置测量 3 次,取平均值。

查阅维修手册,将最小厚度测量值与盘式制动器组件规格相比较。

如果制动盘的最小厚度测量值大于表面修整后最小允许厚度规格,则可根据可能出现的表面状况和磨损情况对制动盘进行表面修整。

如果制动盘的最小厚度测量值等于或小于表面修整后最小允许厚度规格,则需要更换。

如果制动盘的最小厚度测量值等于或低于报废厚度规格,则制动盘需要更换。

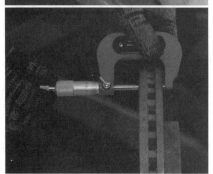

(5) 填写工单(附后)。

7. 安装制动片、制动钳、车轮

(1) 在两制动片固定弹簧的凹面薄薄涂抹一层高温硅润滑剂,并分别安装到制动钳安装托架上。

 凹型的三面涂抹的润滑剂只能是薄薄的一层。如果过多,在工作时可能会粘到制动摩擦片的面上,影响制动效果。

制动片固定弹簧的背面不能涂抹润滑剂。

（2）在制动片背面薄薄涂抹一层制动片耐高温灭音膏，将制动片安装至制动钳托架。

> 提示 如果是装有磨损传感器的盘式制动片，必须安装至制动盘的内侧，且前轮转动时传感器的前边缘面向制动盘，或者安装至车辆位置时固定在制动片的顶部。
>
> 将制动片尽可能地贴住制动盘，否则翻下制动钳安装时，会因两制动片背板间的距离大于制动钳钳口尺寸而不好安装。

（3）一只手托住制动钳，另一只手从减振器弹簧上摘下S形挂钩，将制动钳钳口翻入两制动片。

（4）徒手将制动钳下导销的螺栓拧入，用开口扳手钳住制动钳下导销的外六角，用梅花扳手拧紧制动钳下导销螺栓。

（5）用开口扳手钳住制动钳上导销的外六角，用梅花扳手拧紧制动钳上导销的螺栓。

（6）调整预置式扭力扳手到维修手册中规定的制动钳导销螺栓的扭力，并组合套筒。

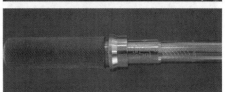

（7）用开口扳手钳住制动钳导销的外六角，用调整好的预置式扭力扳手、套筒分别将上、下制动钳导销螺栓拧紧到规定扭力。

(8)安装车轮。

① 将车轮定位标记对准轮毂,安装轮胎和车轮总成。

提示:按图示顺序均匀地交替紧固螺母,以避免跳动量过大。

② 降下车辆,用预置式扭力扳手、接杆、套筒按图示顺序将车轮螺母紧固至规定扭力。

8. 清洁、整理工作现场

(1)使用干净的擦拭布清洁工具。

(2)将清洁后的工具归位。

(3)清扫场地。

(4)清洁手部。

（5）游标卡尺使用完后，擦净放在量具盒内。

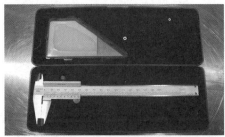

（6）外径千分尺使用完后，擦净放在量具盒内。

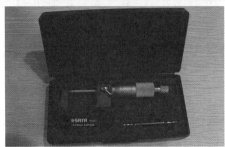

（7）把预置式扭力扳手的扭力值调至零位放置，以保持扳手精度，延长使用寿命。

（8）将维修手册合上，归位。

9. 缴交工单

提交填写好的工单。

四、盘式制动器的制动盘及制动片厚度检测工单

序号	操作内容	内容填写或选择
1	检查设备	变速器档位位置：_____。 手制动器的位置：_____。
2	检查工、量具	检查工具、量具齐全、无损，能否正常使用：□能；□否。
3	查阅维修资料	三种形式的维修资料的使用方法。
4	拆下车轮、制动片	按规定顺序拆下车轮螺栓、拆下车轮、拆下制动片。
5	清洁、清理	清洁、清理部位：_____。
6	测量	游标卡尺是否存在误差：是□；否□。如果有误差，为_____。 千分尺是否存在误差：是□；否□。如果有误差，为_____。 制动片厚度：_____ mm；_____ mm；_____ mm。 _____ mm；_____ mm；_____ mm。 制动盘厚度：_____ mm；_____ mm；_____ mm。 _____ mm；_____ mm；_____ mm。 测量制动盘厚度时，距离制动盘外缘：_____。

续表

序号	操作内容	内容填写或选择
7	安装制动片、制动钳、车轮	1. 用从 1~5 数字标出安装车轮螺栓的顺序： 2. 车轮螺栓紧固扭力：＿＿＿＿＿＿＿＿。
8	清洁、整理工作现场	清洁工具、量具并归位。

五、盘式制动器的制动盘及制动片厚度检测的评价要素

表格中列举了评价项目和评价要素，具体配分由教师负责安排。

序号	评价项目	评价要素	配分	得分
1	检查设备	是否对车辆在举升机中的停放位置进行检查		
		车辆在举升机上的举升高度是否合适		
		是否将变速器挡位置于空挡		
		是否放松手制动器		
2	检查工具量具	是否对常用拆装工具进行检查		
		检查有无外径千分尺、游标卡尺、S形挂钩、钢板直尺、预置式扭力扳手		
		选用是否合适,使用是否合理		
		是否造成损坏		
3	查阅维修资料	是否查阅维修手册		
		是否按照正确的步骤和顺序查阅维修手册		
4	拆下车轮、制动片	车辆举升后,是否对锁止状况进行检查		
		是否标记车轮相对于轮毂的位置		
		是否按照规定的顺序拧松车轮螺栓		
		是否用开口扳手钳住制动钳上、下导销的外六角,用梅花扳手拧松制动钳导销上、下螺栓		
		是否不断开液压制动器挠性制动液软管,向上翻转制动钳		
		有否使用S形挂钩挂住制动钳		
		使用S形挂钩挂住制动钳是否稳妥		
		能否拆下两片制动片		

续表

序号	评价项目	评价要素	配分	得分
5	清洁、清理	是否用干净的擦拭纸清洁整把游标卡尺,是否把游标卡尺的量爪擦净		
		是否用干净的擦拭纸清洁整把外径千分尺,是否擦拭干净外径千分尺的两个测砧面		
		是否清洁干净制动片、固定弹簧、制动盘、制动钳、制动钳支架		
6	测量	有否对游标卡尺进行检查、校准		
		能否对游标卡尺进行校准		
		有否对外径千分尺进行检查、校准		
		能否对外径千分尺进行校准		
		是否在规定的多个点处测量剩余的制动片厚度		
		测量制动片剩余厚度的数值是否正确		
		是否在规定的多个点处测量制定盘的厚度		
		测量制动盘的数值是否正确		
7	安装制动片、制动钳、车轮	是否在两制动片固定弹簧的凹面涂抹一薄层高温硅润滑剂		
		能否将两制动片固定弹簧分别安装到制动钳安装托架上		
		是否在制动片固定弹簧的背面涂抹润滑剂		
		能否将制动片安装至制动钳托架		
		能否将制动钳钳口翻入两制动片,有无发生磕碰		
		是否用开口扳手钳住制动钳上、下导销的外六角,用梅花扳手拧紧制动钳上、下导销螺栓		
		是否将上、下制动钳导销螺栓拧紧到规定扭力		
		是否按照规定顺序交替紧固车轮螺母		
		是否紧固车轮螺母至规定扭力		
8	5S	操作过程中、完成后,是否及时清洁、清扫、整理、整顿工具、设备和工作场地		
9	安全文明	是否严格按照规程进行作业		
		人员有无受伤		
		有无工具、仪器、仪表、设备损坏		
		是否严重违反操作原则,野蛮操作		
10	工单	填写是否完整		
		是否准确、正确		

参考文献

[1] 福建省职业院校汽车专业教研团队. 汽车构造核心课程——汽车底盘构造[M]. 武汉:华中科技大学出版社,2022.

[2] 福建省职业院校汽车专业教研团队. 汽车构造核心课程——汽车发动机构造[M]. 武汉:华中科技大学出版社,2022.

[3] 齐峰. 汽车液压制动系统活页式教程[M]. 武汉:华中科技大学出版社,2021.

[4] 齐峰. 汽车悬架装置活页式教程[M]. 武汉:华中科技大学出版社,2021.

[5] 齐峰. 汽车拆装与维护(上、下)[M]. 武汉:华中科技大学出版社,2008.

[6] 齐峰. 汽车检测技术实务[M]. 北京:机械工业出版社,2014.